AF473248

EXERCICES

ADAPTÉS

AUX LEÇONS DE GRAMMAIRE

RECUEILLIES

POUR LES ÉCOLES PRIMAIRES,

Par un Inspecteur gratuit du canton de Pange.

METZ.

Mme Ve DEVILLY, LIBRAIRE, RUE DU PETIT-PARIS, 8.

IMPRIMERIE DE S. LAMORT, RUE DU PALAIS, 10.

1842.

EXERCICES.

(Première partie.)

CHAPITRE PREMIER.

LE NOM.

I.

Analyse verbale ou écrite des noms qui se trouvent dans les phrases suivantes. Exemple :

Dieu, nom de personne. — *Vie,* nom de chose.

1. On trouve dans les livres saints les leçons les plus sages sur les devoirs de l'homme. Des maximes sublimes y sont répandues de toutes parts, entourées d'une autorité puissante et sacrée. Il n'est aucune circonstance de la vie, aucun sentiment du cœur pour lequel la Bible n'ait une leçon ou un précepte; elle s'applique à nos prospérités et à nos infortunes, à nos faiblesses et à nos vertus, et c'est le plus riche trésor de sagesse et de morale.

2. Là, nos devoirs envers Dieu, là, les devoirs des enfants envers leurs parents, ou des parents envers leurs enfants, là, nos devoirs envers le prochain et envers nous-mêmes sont retracés avec ce langage élevé qui n'appartient qu'aux saintes Ecritures. Là, nous trouvons des préceptes pour la douleur et pour la joie, des avertissements pour l'élévation, et des exhortations dans l'abaissement; c'est un ami qui nous console, c'est un sage qui nous conseille.

3. Les leçons que la Bible nous offre sont écrites dans le langage le plus convenable aux sentiments religieux, dans la bouche de tous les hommes, dans tous les temps, et on peut ajouter dans toutes les religions. La sagesse éternelle y annonce partout de grandes vérités, et avec des paroles si simples qu'il suffit presque toujours, pour les comprendre, d'un esprit attentif et d'un cœur docile.

4. Lisez donc ces livres, mes enfants; ils vous donneront une idée de la puissance de Dieu, de sa sagesse et de sa

justice ; vous y apprendrez combien les hommes se sont rendus coupables en outrageant sa bonté suprême. L'obéissance à ses commandements est la seule chose qu'exige ce Dieu miséricordieux ; appréciez ses bienfaits et vous comprendrez le bonheur qu'il vous réserve, si vous vous attachez à lui par un amour sincère.

II.

Analyse des noms, avec distinction de noms propres et de noms communs. Exemple :

Louis, nom propre d'homme. — *Paris*, nom pr. de ville. — *Homme,* nom commun de personne. — *Ville,* n. c. de chose.

5. Dieu remplit le ciel et la terre ; comment l'homme pourrait-il se dérober à ses yeux ? — Prier et faire l'aumône vaut mieux que d'entasser des trésors. — Si vous fermez l'oreille à la loi de Jésus-Christ, Dieu sera sourd à votre prière. — Nous suivons toujours, jusque dans la vieillesse, la route où nous sommes entrés dans notre jeunesse. — Comme le bois entretient la flamme, ainsi la colère anime les discussions. — N'exercez pas la vengeance, et ne gardez pas le souvenir des injures.

6. Job a dit : La gloire de l'hypocrite n'a qu'un moment, ses louanges passent. — La médiocrité avec la vertu vaut mieux que la richesse avec le vice. — L'homme ignore le prix de la sagesse ; on ne la trouve pas au milieu des plaisirs ; on ne l'échange pas contre l'or, et on ne l'achète pas avec de l'argent ; on ne saurait lui comparer ni les riches couleurs de l'Inde, ni l'éclat du diamant. — Le juste est celui qui a la vérité dans le cœur, et qui n'a point le mensonge sur les lèvres ; il ne fait point de mal à son prochain, et il ne cherche point sa honte.

7. Le juste fleurira comme le palmier, et s'élevera comme le cèdre du mont Liban. — Un jour viendra où tous ceux qui sont dans la sépulture entendront la voix du fils de Dieu. — Nous lisons dans les proverbes de Salomon : « Veillez avec tout le soin possible à la garde de votre cœur, parce qu'il est une source de vie. » — Dieu a dit à Adam : « Tu mangeras ton pain à la sueur de ton visage, jusqu'à ce que tu rentres dans la terre d'où tu es sorti. » — Pardonnez au prochain ses fautes envers vous, et vos propres fautes vous seront remises, lorsque vous en implorerez le pardon.

8. Sortez de Babylone, sortez, mon peuple, disait le Seigneur, de peur que participant à ses iniquités, vous ne soyez enveloppé dans sa ruine. — Le Seigneur exauce la prière d'Abel et repousse celle de Caïn. — Les deux principales fêtes sont Pâques et la Pentecôte : Pâques est le jour de la résurrection de Jésus-Christ, et la Pentecôte le jour de la descente du Saint-Esprit. — Après avoir reçu la loi de Dieu, les enfants d'Israël, coupables de murmures et d'idolâtrie, furent condamnés à errer quarante ans dans le désert ; Moïse, lui-même, n'eut pas la joie d'entrer dans la terre de Chanaan qui leur était promise, depuis le temps d'Abraham.

III.

Analyse des noms, avec désignation du genre. Exemple :

Jean, n. pr. masculin. — *Bergère,* n. c. féminin.

9. La lune est sans éclat, les étoiles sont sans lumière en la présence de Dieu ; que sera donc l'homme devant lui ? — La prière de l'homme humble s'élève au-dessus des nuages. — Dans vos actions, dans vos paroles, dans tout ce que vous faites, honorez votre père, afin que sa bénédiction descende sur vous, et qu'elle repose à jamais sur votre tête. — L'aumône délivre de tout péché, et sauve l'âme des ténèbres. — Le mensonge ne se place que sur les lèvres du méchant. — L'amitié est préférable aux richesses.

10. Dans le travail on trouve l'abondance. — J'ai passé dans le champ de l'homme paresseux ; il était rempli de ronces ; les épines en couvraient la surface, et les murs s'écroulaient. — Ne laissez jamais l'orgueil entrer dans vos pensées ou éclater dans vos paroles, car c'est par l'orgueil que commencent tous les maux. — Les richesses seront inutiles au jour de la justice ; les vertus seules délivreront de la mort. — Les insomnies et les douleurs sont la suite de l'intempérance qui abrége nos jours.

11. L'homme ne descendra pas au tombeau avec ses trésors et sa gloire ; pendant sa vie il sera comblé de louanges, mais il ira rejoindre ses ancêtres, et ses yeux seront pour jamais fermés à la lumière. — C'est par les œuvres que se montre la vraie sagesse. — J'ai étudié la sagesse, les erreurs, les folies des hommes, et j'ai vu que la sagesse diffère autant de la folie que la lumière diffère des ténèbres. — Ne portez

pas envie au bonheur du méchant, car il séchera bientôt comme l'herbe des champs.

12. Que le pauvre se console : il s'assied en paix pour prendre son repas léger ; il est privé des mets recherchés qui couvrent la table du riche, mais aussi il ignore les maux dont ils sont la source. Le pain qui le nourrit n'est-il pas pour lui d'un goût excellent ? Le travail entretient sa santé et lui procure un repos que la mollesse appelle en vain sur un lit de duvet. Dans son humble condition, il sait borner ses désirs. La paix et le contentement ont, pour son âme, bien plus d'attraits que tout l'étalage de l'opulence et de la grandeur.

IV.

Analyse des noms, avec désignation du genre et du nombre. Exem. :

Frère, n. c. masc. sing. — *Mains,* n. c. fém. plur.

13. Dieu regarde du haut des cieux, et tous les hommes sont en sa présence. Il voit tous ceux qui habitent la terre ; c'est lui qui a formé leurs cœurs, et il pénètre leurs œuvres. — Sont-ce des victimes et des offrandes que Dieu vous demande ? Il demande que vous obéissiez à sa voix : l'obéissance vaut mieux que le sang des victimes. — Ne dérobez pas ; montrez de la probité en toutes choses, et que votre conduite apprenne à honorer les préceptes de Dieu. — Dieu voit les actes de bienfaisance, et il s'en souvient pour l'avenir.

14. Celui qui creuse un fossé y tombera ; celui qui met une pierre dans le chemin d'un autre viendra s'y heurter ; celui qui tend des piéges y sera pris lui-même : ainsi le méchant se renversera de ses propres mains. — Les blessures que fait un ami valent mieux que les caresses trompeuses de celui qui vous hait. — Ne dédaignez pas les discours des vieillards, et recherchez leurs entretiens ; ils vous apprendront la sagesse et la science. — Le sage amasse en temps de moisson ; insensé celui qui s'endort dans le repos pendant les heures du travail.

15. Quand on agit sans réflexion, on voit ses projets renversés ; on les affermit en s'appuyant sur des conseils. — La voix de l'homme irréfléchi se fait toujours entendre au milieu des querelles ; ses paroles provoquent la colère ; ses propres discours causent sa ruine. — Celui qui hait les réprimandes marche sur les traces des méchants. — Les plaisirs des

festins conduisent à la pauvreté; ainsi, l'on consume son bien au milieu des verres, et bientôt l'intempérance s'habille de vêtemens en lambeaux.

16. L'homme paresseux est à charge à lui-même; les heures pèsent lourdement sur sa tête; ses jours passent comme l'ombre d'un nuage; il ne laisse derrière lui aucune trace dans la mémoire des hommes; le défaut d'exercice rend son corps pesant; son âme est dans les tenèbres; ses pensées sont confuses; il voudrait sentir le parfum de la rose sans avoir la peine de la cueillir; bientôt il se voit entraîné vers sa ruine; les regrets le saisissent trop tard, et la honte et le repentir descendent avec lui dans la tombe.

V.

N° 1. *Mettez* les *ou* des *à la place de* le, la, un, une, *et formez le pluriel des noms suivants.* Exemple :

L'homme, les hommes. — La femme, les femmes. — Un enfant, des enfants.

17. La maison. Le jour. Un mouton. Une montagne. Le délai. Un tapage. La syllabe. Une chaîne. Le courtisan. Un tisserand. Un sergent. Le campagnard. Le levraut. La fiancée. Un aspect. Le conseil. L'autel. Le lion. Un cerf. Le baudet. Un recueil. La couleur. Une fée. Un ambigu. Le district. Un laurier. La fatigue. Le jasmin. Un martyr. Un acacia. Le bandit. Un pli. Une économie. Un écho. Un coq. Le poil. Le soir. Le doigt. Un nom. La moitié. L'atelier.

18. Un bœuf. Le choix. Un gaz. L'ennui. Le marais. Un matelas. Un aqueduc. Un obus. Un crucifix. Un procès. La haie. La perdrix. Un baril. Le coquelicot. Un lépreux. Un mets. Un embarras. Une noix. Un écu. L'hortensia. Le vernis. Le lit. Un amas. Le métier. Le sac. Un prix. Un courroux. Un fonds. Le col. Un poids. La rue. Un abus. Un clos. Le pot. Un flux. Un progrès. La clef. La boutique. Un temps. Un factieux. Le toit. Un balai. Un pois. Un époux. La vallée. Le bluet. Une voix. Le crayon. Le trafic. Un lit.

19. Un villageois. Un anneau. Le four. Un cheveu. Un héros. Un nid. Un ormeau. Un filou. L'adieu. Le chou. Un matou. Le marquis. Le pâté. Le hareng. Un boyau. Un dieu. L'abricot. La sangsue. Un concours. Le souci. Le hibou. Le taureau. Un écrou. Un lac. Un louis. Un portefaix. Un poireau.

La loi. Un veau. Un essieu. Un os. Le bosquet. Un vœu. Un roseau. Une queue. Un cou. Un neveu. La brebis. Le caillou. Le puits. Le marché. Un fauteuil. Un verglas. Le drap. Un tamis. Une dent. L'hôte. Le revenu.

20. Le pacha. Un rameau. L'amiral. Un vitrail. Le gant. Le carnaval. Un journal. Un étau. Le corps. Un bijou. Un métal. Un aveu. Le portail. Le signal. Un étang. Un niveau. Le coucou. Un bail. L'hôpital. Un écureuil. Le nœud. Un abcès. L'attirail. Un bal. L'arsenal. Le bétail. *Cet enfant a de beaux* œil. *Ce peintre fait bien les* ciel. *Ses deux* aïeul *étaient présents. Cette chambre est éclairée par des* œil de bœuf. Le bercail. Un tuyau. Le degré. Le sel. Le canal. Un mot. L'épée. Un salut. La coterie. Le broc.

N° 2. *Mettez* le, la, un, une *à la place de* les *ou* des *devant les noms pluriels qui suivent et indiquez-en le singulier.* EXEMPLE :

Les caporaux, le caporal. — Les rues, la rue. — Des logis, un logis. — Des montagnes, une montagne.

21. Les escaliers. Les balais. Des dents. Des anglais. Des poids. Les velours. Les fardeaux. Les jeux. Des végétaux. Les cieux. Les unités. Des abris. Les sirops. Des mets. Les chats. Des palais. Des bois. Les œillets. Les bœufs. Les pieds. Des maréchaux. Les joujoux. Les soupiraux. Les corbeaux. Des sourcils. Les repas. Des clous. Des gueux. Les loups. Des flambeaux. Les mois. Les vallées. Les gains. Des troupeaux. Des progrès. Les cardinaux. Les échalas. Les lacets. Des taillis. Les airs. Des autels. Les artichauts.

22. Des perdreaux. Les pays. Les lieux. Les locaux. Des aïeux. Des yeux. Les ragoûts. Les étuis. Des hivers. Des accrocs. Des écueils. Les états. Les abbés. Des caveaux. Des commis. Les jaloux. Les villageois. Les francs. Des sous. Un gâchis. Les colliers. Les denrées. Des îles. Les joues. Les plats. Des vaisseaux. Des bocaux. Les joncs. Les cuillers. Les rats. Les profits. Les fous. Des fiévreux. Des oies. Les castors. Les souris. Des courroies. Des éteignoirs. Des offres. Les bourgeois. Les noyaux. Des affronts.

23. Des arabes. Des glaces. Les almanachs. Les geais. Les futaies. Les travaux. Des engrais. Des généraux. Les balles. Les milans. Les flancs. Les léopards. Les bras. Les cuveaux. Les défauts. Des bouchons. Des comédies. Les respects. Des

griefs. Des appareils. Des examens. Des guèpes. Les spectres. Les enfers. Les nerfs. Les verres. Des experts. Des excès. Les forêts. Les feux. Des œufs. Des chevreuils. Des tilleuls. Les vapeurs. Des boiteux. Les trophées. Les défis. Les congés. Les gués. Des vers. Les tortues. Les lézards.

24. Des payens. Des fusils. Les capucins. Les lynx. Les récits. Les semis. Les plis. Les bouillons. Les fourmis. Les zéros. Les socs. Des emplois. Les témoins. Les noix. Les froids. Des espagnols. Les pronoms. Les pruneaux. Les genoux. Les remords. Les ressorts. Les propos. Les gigots. Les boucs. Les contours. Les faubourgs. Des égouts. Des épées. Des copies. Des épis. Les cris. Des bossus. Des ducs. Les consuls. Les refus. Les saluts. Les maux. Les laquais. Les gouvernails. Les murmures. Des nez. Des coteaux.

CHAPITRE SECOND.

L'ARTICLE.

Ajoutez à l'analyse des noms celle de l'article qui les précède.
Exemple : Le chemin du village.

Le, art. m. s. — *chemin*, n. com. m. s. — *du*, mis pour de le, art. m. s. — *village*, n. com. m. s.

25. Dieu ramène le calme après la tempête; il rend la joie après la douleur et les larmes; il renverse les projets des nations; il terrasse les peuples, et met le trouble dans les conseils des princes ; il confond la raison des sages, et frappe de stupeur les juges de la terre; il brise l'épée des rois, il dépouille les grands, et versant le mépris sur les chefs du monde, il relève ceux qu'ils opprimaient; il sonde l'abyme et le cœur humain; aucune des pensées de l'homme ne lui échappe; il interroge jusqu'aux pensées du méchant, et les discours du méchant montent jusqu'à lui.

26. Le trouble et la peine sont dans l'âme du méchant, l'honneur et la paix dans le cœur des justes. — Celui qui n'accomplit pas les préceptes du Seigneur ressemble à l'insensé dont la maison est bâtie sur le sable;.. la pluie tombe, les torrents coulent, les vents soufflent et fondent sur cette maison dont les murs s'écroulent. — Tout passe : les années de l'enfance s'écoulent; les forces de la jeunesse s'épuisent, mais les hommes qui espèrent en Dieu seront toujours forts.

— La crainte du Seigneur chasse le mal de notre cœur; elle inspire la pensée du bien.

27. Si vous êtes dans l'affliction, priez; adressez-vous à Dieu au jour de la douleur et il vous délivrera; la prière de l'homme humble s'élève au-dessus des nuages. — La bénédiction du père affermit la maison des enfants; la malédiction de la mère la renverse. — Heureux celui qui pourvoit aux besoins des pauvres; Dieu le soutiendra et le soulagera sur son lit de douleur. — Quand vous faites la moisson dans les champs, si quelques épis sont tombés de vos mains, ne retournez pas pour les prendre; laissez-les pour l'étranger, l'orphelin et la veuve.

28. Ne sacrifiez pas l'amitié à l'intérêt; conservez le souvenir de votre ami, et ne le négligez pas quand vous serez dans l'opulence. — L'orgueil fait écrouler la maison du riche; quand elle tombera, personne ne la relevera. — L'ivresse produit l'emportement et la colère; elle pousse l'homme à sa ruine; elle excite le désordre dans l'âme, et la prive de ses forces. — Dieu voit la misère des pauvres et il les console. — Ceux qui ne pensent qu'aux richesses succombent aux vains désirs qui les égarent et les perdent; les trésors ne servent souvent qu'à repaître les yeux de ceux qui les possèdent.

CHAPITRE TROISIÈME.

L'ADJECTIF.

I.

Ajoutez à l'analyse des noms et de l'article, celle des adjectifs, en désignant les adjectifs qualificatifs, et les adjectifs déterminatifs. Exemple : Tout homme est mortel.

Tout, adject. dét. — *homme,* n. c. m. s. — *mortel,* adj. qual.

29. Les richesses terrestres seront inutiles au grand jour de la justice; la vertu seule délivrera de la mort. — Quand on aime la sagesse, on observe ses lois. — Instruisez-vous dès votre tendre jeunesse; et la sagesse sera en vous; ses fruits sont abondants. — Heureux l'homme qui a trouvé la véritable sagesse et qui est riche en prudence; c'est un trésor pour celui qui la possède; c'est le trésor le plus utile à l'homme dans cette vie. — Tout homme juste espère en Dieu; son âme est ferme, et il ne tremble pas devant ses ennemis. — La gloire véritable est dans le témoignage d'une bonne conscience.

30. Dieu sera avec les hommes justes; il essuiera les larmes qui auront coulé de leurs yeux. — De quelle importance est-il que vous ayez vécu dix, cent, mille années? Ce n'est pas la longueur des jours qui rend vénérable tel ou tel vieillard; une vie pure vaut mieux qu'une vie longue. — Certains hommes ont dit : « Il n'y a point de Dieu. » Ces hommes ont cru ainsi s'abandonner au vice en toute tranquillité, et faire le mal sans nulle crainte, plaçant toutes leurs espérances dans le néant; enfants, que ces pensées impies soient loin de votre cœur!

31. « Jouissons des biens présents, disent les insensés; notre vie disparaîtra comme la trace fugitive d'un nuage, et comme la nue légère qui se dissipe aux premiers rayons du soleil; aucun souvenir ne restera de nos œuvres; ainsi, pendant cette jeunesse si prompte, goûtons les doux plaisirs de la vie. » Telles sont les pensées qu'ils nourrissent dans leur cœur, et leur folle illusion les aveugle; ils ignorent les desseins de la sagesse éternelle, et ils ne comptent pas sur les récompenses d'une vie vertueuse; mais Dieu n'a qu'à souffler, et le vent de sa colère les anéantira.

32. Bénissez Dieu en tout temps, et il conduira vos pas faibles et timides; il vous délivrera de la mauvaise voie et des hommes qui tiennent de méchants discours. — Soyez diligent et votre moisson sera abondante, et l'indigence fuira loin de votre maison. — Il y a six choses que le Seigneur hait, et son âme déteste la septième : le péché d'orgueil, la langue menteuse, les mains qui répandent le sang innocent, le cœur qui forme de mauvais projets, les pieds légers pour courir au mal, le faux témoin qui affirme le mensonge, et celui qui sème la discorde entre les hommes.

II.

Ajoutez à l'analyse des adjectifs la désignation du genre et du nombre. EXEMPLE : Cette mère est bonne.

Cette, adj. dét. f. s. — *mère*, n. c. f. s. — *bonne*, adj. qual. f. s.

33. Les lèvres menteuses sont en abomination au Seigneur; les hommes sincères lui sont agréables. — Tout enfant sage est attentif aux doctrines de son père. — Une réponse douce et honnête apaise la colère; une réponse dure excite la fureur. — Celui qui est patient vaut mieux que l'homme courageux. — Celui qui est modéré dans ses paroles est habile et prudent;

et l'habile homme ménage ses paroles comme une chose précieuse. — Les soins d'un homme fort et laborieux produisent toujours l'abondance; mais tout homme paresseux reste pauvre.

34. Une bonne réputation vaut mieux que de grandes richesses. — Le jeune homme suit sa première voie, et il ne la quittera point, même lorsqu'il sera vieux. — Ne faites point de violence au pauvre, parce qu'il est pauvre. — Les justes recevront du Seigneur un royaume admirable et un brillant diadême; il les couvrira de sa main droite, et il les défendra de son bras saint. — La grandeur de la créature peut rendre en quelque sorte visible le créateur. — Quel homme, après être demeuré ferme dans les commandements de Dieu, n'en a pas reçu la légitime récompense?

35. Malheur à ceux qui ont le cœur double, les lèvres médisantes et les mains pleines de crimes, et au pécheur qui marche par deux voies. — Aimez Dieu, et vous serez exaucé dans vos prières de chaque jour. — Combien est infâme celui qui abandonne son vieux père, et chagrine le tendre cœur de sa mère. — Ne dites pas: La miséricorde du Seigneur est grande; il aura pitié du grand nombre de mes fautes... car son indignation est prompte aussi bien que sa miséricorde, et sa colère éclate sur les pécheurs. — Dans toutes vos actions, pensez à votre dernière fin.

36. Examinez avec tout le soin possible ceux qui vous approchent, et prenez conseil des personnes sages et prudentes. — Ne méprisez point un homme juste, quoiqu'il soit pauvre; n'honorez point un homme méchant, quoiqu'il soit riche. — Ne louez pas tel homme pour sa bonne mine, et ne méprisez pas tel autre homme parce qu'il n'a pas un extérieur avantageux. — Si vous négligez les petites fautes, vous tomberez peu à peu dans de grandes. — La langue médisante sera maudite, parce qu'elle met la division entre plusieurs hommes qui vivaient en paix.

III.

Mettez au féminin les adjectifs masculins qui suivent. Exemple :

Sage, sage. — Prudent, prudente. — Bon, bonne.

37. Docile. Charmant. Joli. Commun. Nul. Annuel. Clair. Délicat. Mauvais. Vermeil. Secret. Coquet. Chrétien. Obscur. Fripon. Las. Absolu. Vain. Criminel. Inquiet. Menteur.

Inférieur. Adulateur. Heureux. Rétif. Soudain. Vrai. Exempt. Rival. Odieux. Vieux. Veuf. Boudeur. Mitoyen. Douillet. Poltron. Sec. Replet. Beau. Délateur. Trompeur. Menu. Laid. Ennuyeux. Chétif. Meilleur. Consolateur. Frugal. Aérien. Malin. Lumineux. Vert. Aigrelet. Quotidien. Spirituel. Majeur. Expressif. Charnu. Vacant.

38. Craintif. Haut. Egal. Vilain. Doux. Fameux. Neuf. Causeur. Conciliateur. Brunet. Naturel. Clos. Breton. Algérien. Terrible. Passionné. Serein. Intact. Dangereux. Observateur. Bas. Idiot. Sujet. Bénin. Favori. Imposteur. Quotidien. Universel. Catholique. Long. Oisif. Montagneux. Montagnard. Connu. Gris. Chagrin. Plat. Public. Follet. Oblong. Lourd. Confus. Divers. Légal. Réel. Blet. Artificiel. Instigateur. Travailleur. Voyageur. Fautif. Final. Anglais. Scélérat. Erroné. Prompt. Friand. Pauvre.

Mettez au masculin les adjectifs féminins qui suivent. Exemple :

Ardente, ardent. — Agréable, agréable. — Rousse, roux.

39. Vertueuse. Barbue. Noire. Meilleure. Créatrice. Brésilienne. Secrète. Temporelle. Fluette. Fidèle. Suprême. Généreuse. Molle. Bouffonne. Turque. Profonde. Niaise. Gaie. Verbale. Ambitieuse. Honnête. Dissipatrice. Parleuse. Loyale. Idiote. Caduque. Maladive. Populeuse. Ingénue. Transie. Spéciale. Lointaine. Modeste. Fâcheuse. Pareille. Rase. Lourde. Virile. Facile. Blanche. Joueuse. Hardie. Hautaine. Têtue. Usée. Subtile. Espagnole. Sale. Ignorante. Utile. Perpétuelle. Navale. Grosse. Epaisse. Muette. Creuse.

40. Grecque. Terrible. Souveraine. Pauvre. Harmonieuse. Menue. Première. Terminée. Principale. Agitatrice. Rieuse. Nulle. Maigrette. Moyenne. Essentielle. Diligente. Sournoise. Bleue. Sûre. Gourmande. Monstrueuse. Tapageuse. Mignonne. Désolatrice. Nouvelle. Publique. Pascale. Tricheuse. Naïve. Pudique. Sobre. Précoce. Manchotte. Propice. Etrangère. Bouffie. Paresseuse. Nasillarde. Poétique. Piquante. Crue. Libérale. Sensée. Brève. Cruelle. Perturbatrice. Encline. Exquise. Amère. Exacte. Zélée. Touffue. Pluvieuse.

IV.

41. *Mettez au pluriel tous les adjectifs masculins qui se trouvent dans les* N°s 37 et 38 *de l'exercice précédent.* EXEMPLE:

Docile, dociles. — Charmant, charmants, etc.

42. *Mettez au pluriel masculin tous les adjectifs féminins qui se trouvent dans les* N°s 39 et 40 *du même exercice.* EXEMPLE:

Vertueuse, vertueux. — Barbue, barbus, etc.

Récapitulation des exercices sur l'Adjectif.

Tout adjectif prend le genre et le nombre du nom qu'il qualifie ou détermine; mettez donc les adjectifs suivants au genre et au nombre des noms qu'ils accompagnent. EXEMP. :

Des enfants docile, des enfants dociles. — Des femmes vertueux, des femmes vertueuses.

43. Ces grand hommes. Des lectures attrayant. Les écoles gratuit. Des eaux clair. Des soupçons odieux. Les congés consécutif. Des paroles flatteur. La justice divin. La sagesse éternel. Des chansons bouffon. Une conduite scandaleux. Les copies fautif. De mauvais conseils. Des terrains communal. Des fruits excellent. Les amis sincère. De gros poires. Les chambres infect. Des livres nouveau. Les herbes cuit. Des fleurs fané. Les joli toilettes.

44. Des vieux robes. Les bois royal. Des qualités naturel. Les fêtes public. Des caves frais. Des forêts épais. Les brebis maigre. Les églises chrétien. Des bêtes rongeur. Des regards perçant. Des propos niais. Les troupes fugitif. Des éloges suspect. Des rires subit. Les comptes final. Les contrées lointain. Des carottes cru. Les sœurs jaloux. Des poulets gras. Des sirops pectoral. Une assemblée religieux. Une plante marin. Les écolières studieux.

45. Des prairies clos. Les conseils municipal. Des écritures net. La religion turc. Les tribunaux criminel. Des déjeûners frugal. Des villes ancien. Une armée libérateur. Une humeur inquiet. Une cour commun. Les esprits infernal. De prompt remèdes. Des couleurs divers. Les vaisseaux anglais. Des regards distrait. Des épines touffu. Une chanson plaintif. Une maîtresse grondeur. Des paroles instigateur. Les figures mignon. Une plaisanterie malin.

46. Des garçons taquin. Des temps pluvieux. Les arbres élevé. Des discours immoral. Les pays froid. Des habitudes obligeant. Les visites inattendu. Des joues coloré. De long routes. Les plantes printannier. Des joies frivole. Une fille craintif. Des réunions tapageur. Une influence corrupteur. Une voiture complet. Des remontrances bénin. Les hirondelles voyageur. Des perdrix captif. Les hivers rigoureux. Les doux émotions. Des peuples oriental. Les prairies bourbeux.

CHAPITRE QUATRIÈME.

LE PRONOM.

I.

Ajoutez à l'analyse précédente, l'indication des pronoms qui se trouvent dans les phrases suivantes, sans en distinguer l'espèce.

EXEMPLE : Dieu aime la vertu, et il la récompense.

Dieu, n. p. m. sing. — *la,* art. f. s. — *vertu,* n. c. f. s. — *il,* pronom. — *la,* pr.

47. Dieu a fait toutes choses ; il a étendu les cieux et aplani la terre. C'est lui qui donne la vie et qui donne la mort, lui qui frappe et qui guérit. — Les cieux racontent sa gloire, le jour l'annonce au jour, et la nuit le révèle à la nuit. — Dites qui a donné ses limites à la mer, lorsqu'elle menaçait de franchir ses rivages ? qui a comprimé ses vagues, et lui a dit : « Tu viendras jusqu'ici, tu n'iras pas plus loin : ici se bri- » sera l'orgueil de tes flots ? » — Homme, ton bras lance-t-il la foudre ? peut-il la retenir ? obéit-elle à ta voix ? — La terre et tout ce qu'elle renferme appartient au Seigneur ; tout ce qui l'habite est à lui.

48. Ceux qui disent le mal ne peuvent se cacher à Dieu ; aucune des pensées du méchant ne lui échappe, et les discours de l'impie montent jusqu'à lui. — Mon Dieu, où iraisje pour vous échapper ? où fuirais-je pour que vous n'y soyez pas. J'espérerai en vous, et je ne craindrai rien. — Demandez et l'on vous donnera ; cherchez et vous trouverez ; frappez, et l'on vous ouvrira. — Priez les uns pour les autres, afin que vous soyez sauvés. — Si vous soutenez la vieillesse de votre père, vos enfants soutiendront la vôtre. — Les enfants abandonnés à eux-mêmes se jettent dans les écarts.

49. Ne faites pas à autrui ce que vous ne voudriez pas qu'on vous fît ; tout ce que vous voudriez que les autres

vous fissent, faites-le pour eux. — Que personne ne fasse de tort à son frère, car Dieu en tirerait vengeance. — Dieu voit les actes de bienfaisance, et il s'en souvient pour l'avenir. — Ne faites pas vos bonnes œuvres devant les hommes, et pour être vus par eux, autrement vous n'en recevrez pas le prix des mains de votre père qui est dans les cieux. — Malheur à celui dont l'oreille s'est endurcie aux cris du pauvre; l'on sera sourd aux siens quand à son tour il s'écriera.

50. Deux hommes étaient dans un temple où ils priaient; l'un était de ceux qui se prétendent sages; l'autre était un homme humble. Celui-là disait : « Mon Dieu, je te rends » grâces de ce que je vaux mieux que les autres hommes ! » Celui-ci, se tenant éloigné, n'osant lever les yeux, frappait sa poitrine et disait : « Mon Dieu ! ayez pitié de moi, qui suis » un pécheur ! » et celui-ci retourna purifié ; car ceux qui s'élèvent seront abaissés, et ceux qui s'abaissent seront élevés; Dieu lui-même nous l'a enseigné.

II.

Ajoutez à l'analyse précédente la distinction des pronoms, en personnels, démonstratifs, etc. Exemple : Heureux celui qui a trouvé un véritable ami.

Heureux, adj. qual. m. s. — *celui,* pr. démonst. m. s. — *qui,* pr. rel. — *un,* adj. dét. m. s. — *véritable,* adj. qual. m. s. — *ami,* n. c. m. s.

51. Malheur à tel qui vit seul, car personne ne le relèvera dans sa chute. — Les blessures que fait un ami valent mieux que les caresses trompeuses de celui qui vous hait. — Quiconque ne veut pas labourer par le froid de l'hiver, mendiera l'été, et on ne lui donnera rien. — Ne croyez pas tout savoir; méfiez-vous de vous-même. — Que votre éloge soit dans la bouche des autres et non dans la vôtre. — L'orgueilleux tombera, il sera précipité, et nul ne l'aidera à se relever. — Qui peut dire : Mon cœur est pur, je suis sans péché?

52. Puisque les biens nous sont venus de la main de Dieu, pourquoi n'en recevrions-nous pas le mal? — Heureux celui que l'adversité éprouve, car lorsqu'il en sera sorti, il recevra la couronne de vie que Dieu a promise à ceux qui l'aiment. — La vertu qui sait se contenter de peu est une vraie vertu; car nous n'avons rien apporté au monde, et nous n'en pouvons rien emporter. — Que pourrait faire pour les autres l'avare qui n'est pas bon pour lui-même, et qui se prive de

ce qu'il possède? Nul n'est plus méchant que celui qui l'est pour soi ; cela même est son châtiment.

53. La sagesse est un arbre de vie pour celui qui l'embrasse ; heureux l'homme qui s'y est attaché. — Soyez indulgent pour les fautes de votre prochain, et Dieu vous pardonnera les vôtres. — Il n'y a pas de meilleurs conseils que ceux que la conscience nous donne. — J'ai vu les méchants dans leur gloire : on leur prodiguait les louanges ; mais le tombeau s'est ouvert pour eux, et tout n'était que vanité. — Le méchant se laisse prendre dans les piéges qu'il a dressés. — Eloignez-vous du méchant, et fuyez la route dans laquelle il est entré.

54. Que revient-il à l'homme dans ce monde de tous les travaux qu'il endure? — Nos années se consument, et nous passons par un chemin où nous ne repasserons pas. — Ce que l'impie craint lui arrivera ; les justes obtiendront ce qu'ils souhaitent. — Les richesses donnent beaucoup d'amis ; et les amis que le pauvre avait, le quittent. — Quiconque fait la charité au pauvre, prête au Seigneur qui lui rendra ce qu'il lui avait prêté. — Chacun est tourmenté par la même chose par laquelle il a péché. — Oubliez les injures que vous aurez reçues d'autrui, et ne faites rien pour vous en venger.

CHAPITRE CINQUIÈME.

LE VERBE.

I.

A l'analyse précédente, ajoutez l'indication des verbes. Exemple : Celui qui évite d'apprendre tombera dans le mal.

Celui, pr. dém. m. s. — *qui*, pr. rel. — *évite*, verbe. — *apprendre*, verbe, — *tombera*, verbe. — *le*, art. m. s. — *mal*, n. com. m. s.

55. Qui pourrait développer toutes les merveilles de Dieu? Il est impossible à l'homme de rien expliquer de ce qui se passe sous le soleil ; plus il fait d'efforts pour en pénétrer les causes, moins il peut en découvrir le mystère. — Dieu discerne le juste et l'impie ; il connaît celui qui trompe et celui qui est trompé. — Si vous cherchez Dieu, vous le trouverez ; mais si vous l'abandonnez, il vous rejettera à jamais. — Que Dieu soit votre appui, et vous ne redouterez pas ce que peuvent vous faire les hommes.

56. Les yeux du Seigneur se reposent sur l'homme juste, et il entend ses prières; adressez-vous à lui au jour de la douleur, et il vous délivrera. — Honorez votre père et votre mère, afin de vivre long-temps sur la terre. — Ecoutez les paroles de votre père qui vous a donné la vie, et ne méprisez pas votre mère lorsqu'elle aura vieilli. — Faites l'aumône de votre bien, et ne détournez votre visage d'aucun pauvre; ainsi vous mériterez que le Seigneur daigne vous regarder vous-même.

57. Celui qui médit en secret, ressemble au serpent qui mord dans le silence. — Ne calomniez pas votre prochain et ne lui nuisez en aucune manière. — Ne soyez point envieux; l'envie ronge et abrége les jours. — Sachons garder le silence; il est un temps pour se taire, un temps pour parler. — Ne mentez jamais et ne trompez pas votre prochain par vos discours. — Ne dérobez point ce qui appartient à autrui. — Ne dévoilez pas les secrets que l'amitié vous confie; car si vous les trahissez, les amis s'éloigneront de vous.

58. Il semble que le paresseux n'ait pas la force de porter sa main à sa bouche. — Paresseux, contemple la fourmi, considère ses travaux et apprends la sagesse. Elle n'a point de chef, ni de maître, ni de prince; cependant ne vois-tu pas comment elle s'approvisionne pendant l'été, et rassemble dans la moisson sa nourriture de l'hiver? Paresseux, jusques à quand dormiras-tu? quand sortiras-tu de ton assoupissement! — En vivant du travail de vos mains, vous serez heureux, et le nécessaire ne vous manquera pas.

(*Les exercices sur les autres paragraphes du chapitre cinquième de la grammaire, viendront au chapitre suivant.*)

CHAPITRE SIXIÈME.

CONJUGAISON DES VERBES.

Verbes auxiliaires.

A l'analyse précédente, ajoutez, pour les verbes auxiliaires seulement, l'indication de la personne, du nombre, du temps et du mode. EXEMPLE: Soyez charitables comme vous le pourrez.

Soyez, 2me pers. plur. du présent de l'impér. du verbe être. — *charitables*, adj. qual. m. p. — *vous*, pr. pers. plur. — *le*, pr. pers. masc. sing. — *pourrez*, verbe.

59. Dieu a dit: « Je suis celui qui est. » Il était avan

toutes choses, et toutes choses subsistent en lui ; les hommes sont devant lui comme s'ils n'étaient pas. — O Dieu, tu es grand dans toutes les œuvres de ta puissance! tout vit par toi, et si tu détournais ta face, tout serait dans le trouble. — Le trouble et le chagrin seront dans l'âme du méchant; les bons auront la gloire et la paix. — Soyez sûrs, vous qui honorez Dieu, que votre vie, si elle a été vertueuse, aura sa couronne. — Il n'y a pas d'obscurité assez profonde pour cacher les méchants aux yeux de Dieu.

60. Béni soit celui qui se confie dans le Seigneur. — Si vous avez la crainte de Dieu, vous serez soumis à vos parents, comme le serviteur l'est au maître. — Apprenez à être justes, si vous voulez que Dieu vous bénisse en tout temps. — Il vaut mieux n'avoir qu'un enfant vertueux que d'en avoir mille qui soient vicieux. — Il est juste que celui qui laboure ait part à la récolte. — Ne vous réjouissez pas de la mort de votre ennemi, car vous ne voudriez pas que votre mort fût une cause de joie. L'or fut pour plusieurs une occasion de chute; séduits par ses appâts, ils succombèrent.

61. Donnez suivant ce que vous avez, et partagez votre pain avec ceux qui auront faim; couvrez de vos vêtements ceux qui seront nus. — Ayez pitié de ceux qui souffrent, comme si vous étiez vous-même dans la souffrance. — Il ne suffira pas d'avoir été charitables aux yeux des hommes, il faudra encore avoir eu la charité intérieure. — Que ton visage soit toujours riant quand tu donnes. — Il n'y aurait plus de pauvres, que l'homme s'endurcirait; mais il y aura toujours des pauvres, afin de réveiller au fond des cœurs la pitié et la charité, et pour qu'il y ait toujours des vertus.

62. Ne dites pas : Je serai pour les autres ce qu'ils auront été pour moi, et je rendrai à chacun selon ses œuvres. — Si vous êtes actif dans tout ce que vous faites, les difficultés vous seront plus faciles à surmonter. — La vie du sage a été courte, mais il a assez vécu pour qu'elle fût pleine. — Nous sommes tous dans la main de Dieu; soyons patients dans les maux qu'il nous envoie; car il n'a pas voulu que nos maux fussent sans remède. — Malheur à vous, hypocrites qui avez de l'éclat au dehors, mais qui, au dedans, êtes pleins d'impureté et de souillures!

Verbes de la première conjugaison *.

63. *Conjuguez par tous les temps du mode infinitif, les verbes suivants :* Imprimer. Allumer. Calmer. Dissiper. Prononcer. Soulager. Dénouer. Copier. Calquer. Feuilleter.

64. *Par le futur simple :* Adorer. Sabrer. Couper. Former. Butiner. Mesurer. Rassurer. Enlever. Dépecer. Acheter. Balayer. Parier. Diminuer. Loger. Dénoncer. Récréer. Suer. Simplifier Essayer. Grever.

65. *Par le présent du conditionnel :* Ajourner. Affirmer. Retourner. Camper. Abjurer. Modérer. Abandonner. Aspirer. Effacer. Suppléer. Nager. Clouer. Oublier. Egayer. Ficeler. Révéler. Céder. Souffleter. Scier. Secouer.

66. *Par le présent de l'indicatif :* Fermer. Frapper. Verser. Procurer. Jurer. Badiner. Trainer. Amener. Menacer. Créer. Manger. Jouer. Prier. Appuyer. Atteler. Altérer. Projeter. Sucer. Régler. Tolérer.

67. *Par l'imparfait de l'indicatif :* Assommer. Bassiner. Estimer. Jeûner. Envelopper. Arborer. Diffamer. Enfoncer. Agréer. Transiger. Continuer. Humilier. Bégayer. Ecarteler. Inquiéter. Préférer. Signifier. Nouer. Saccager. Bercer.

68. *Par le présent du subjonctif :* Charmer. Buriner. Informer. Tremper. Respirer. Amorcer. Procréer. Manier. Vendanger. Vouer. Défier. Intriguer. Essuyer. Amonceler. Empiéter. Insérer. Ployer. Restituer. Plier. Venger.

69. *Par le présent de l'impératif :* Opprimer. Ruiner. Pincer. Voltiger. Ponctuer. Remercier. Frayer. Ciseler. Fureter. Semer.

70. *Par le passé défini :* Proclamer. Borner. Savourer. Grimper. Labourer. Fumer. Occuper. Exercer. Tousser. Prolonger. Saluer. Fortifier. Fatiguer. Payer. Chanceler. Fêter. Opérer. Achever. Eriger. Renoncer.

71. *Par l'imparfait du subjonctif :* Déclamer. Additionner. Usurper. Abhorrer. Raturer. Amasser. Remplacer. Tapisser. Exaucer. Juger. Attribuer. Contrarier. Appliquer. Etayer. Museler. Décacheter. Digérer. Purifier. Constituer. Présager.

72. *Par le passé indéfini :* Séparer. Echapper. Prononcer. Limer. Armer. Voyager. Louer. Expier. Effrayer. Niveler.

73. *Par le passé antérieur :* Participer. Replacer. Auner.

---

* Voyez l'Observation générale sur le radical et la terminaison, placée à la page 27 de la grammaire.

Ecumer. Partager. Allouer. Relier. Botteler. Déjeter. Procéder.

74. *Par le plus-que-parfait de l'indicatif* : Enfermer. Chagriner. Duper. Tracer. Mélanger. Effectuer. Vérifier. Ennuyer. Epeler. Fouetter.

75. *Par le futur composé* : Consommer. Aliéner. Saper. Devancer. Outrager. Tuer. Epier. Enrayer. Dételer. Marqueter.

76. *Par le conditionnel passé* : Enfumer. Perfectionner. Remontrer. Enoncer. Exiger. Avouer. Publier. Déblayer. Quereller. Chuchotter.

77. *Par le passé du subjonctif* : Blâmer. Rimer. Imaginer. Accélérer. Délacer. Maugréer. Forger. Secouer. Nier. Regretter.

78. *Par le plus-que-parfait du subjonctif* : Charmer. Extirper. Abaisser. Lancer. Lier. Choyer. Ensorceler. Exceller. Guetter. Apprêter.

A l'analyse précédente ajoutez l'analyse des verbes de la première conjugaison, qui se trouvent dans les phrases suivantes; désignez-en la personne, le nombre, le temps, le mode et l'infinitif; dites si le temps est primitif ou dérivé; et s'il est dérivé, indiquez-en la formation. EXEMPLE : Soyez bons envers les parents qui vous élèvent.

Soyez, 2me pers. pl. du prés. de l'impér. du verbe *être.* — *bons,* adj. qual. m. pl. — *les,* art. m. pl. — *parents*, n. com. m. pl. — *qui*, pr. rel. — *vous*, pr. pers. pl. — *élèvent,* 3me pers. pl. du prés. de l'indic. du verbe *élever,* temps dérivé pour le plur.; on le forme du part. prés. en changeant *ant* en *ons*, *ez*, *ent*.

79. Dieu a tout créé, les choses visibles et celles qui échappent à nos yeux. — Insensés les hommes qui pensaient gouverner le monde. — Contemplez les objets créés par la main suprême, et vous en admirerez l'éclat. — Des hommes divinisèrent l'œuvre de la main humaine; ils adorèrent des idoles d'or et d'argent, demandant la force à ce qui n'était que faiblesse. — Homme est-ce toi qui a marqué au soleil l'heure de son coucher, et qui jettes les ténèbres et la nuit sur la terre? — Les méchants tomberont comme l'herbe séchée, mais Dieu restera dans l'éternité.

80. Qui nous donnerait les biens et les maux, la vie et la mort, si ce n'est Dieu? Il élève et il abaisse, il tire le malheureux de la poussière, il le place au milieu des princes et sur un trône de gloire. — Vous aimerez le Seigneur votre

Dieu, et n'adorerez que lui ; il demande que vous marchiez dans ses voies et que vous l'honoriez de tout votre cœur ; celui qui n'aura pas respecté ses commandements ne goûtera point les joies de son règne. — Comptez sur l'appui du Seigneur ; ce n'est pas la force de votre bras qui vous sauve, et ne doutez pas que sa bonté veille sur vous.

81. Job élevait ses prières à Dieu afin qu'il le gardât dans le chemin de la vertu, et il persévéra dans la patience. — Priez pour les morts, pour que Dieu leur pardonne leurs fautes. — Honorer sa mère, c'est amasser un trésor ; comment vos enfants vous respecteraient-ils un jour, si vous ne leur aviez pas donné l'exemple du respect envers vos parents ? — Que votre conduite prouve toujours votre amour pour la loi de Dieu. — Vous tueriez votre prochain en lui enlevant le pain gagné à la sueur de son front. — L'homme qui aura travaillé en tirera profit.

82. Dieu vous récompensera quand, à cause de lui, vous aurez supporté patiemment les peines que vous ne méritâtes point. — La loi chrétienne exige que vous pardonniez les fautes de votre prochain, sinon, n'espérez pas que la justice divine vous pardonne les vôtres. — Avoir aidé les faibles, c'est mériter que Dieu vous aide. — Malheur à vous qui donnez au vice les couleurs de la vertu ! — Nous avons tous le même père ; le même Dieu nous créa tous ; pourquoi quelqu'un de nous regarderait-il son frère avec mépris ? — Que le paresseux ne porte pas envie à celui dont le travail aurait prospéré ; mais plutôt qu'il l'imite.

Verbes de la deuxième conjugaison.

83. *Conjuguez par tous les temps du mode infinitif, les verbes suivants :* Nourrir. Abolir. Rougir. Enfouir. Réussir.

84. *Par le futur simple :* Munir. Polir. Embellir. Fournir. Vernir. Avertir.

85. *Par le présent du conditionnel :* Abrutir. Accomplir. Adoucir. Affaiblir. Affermir. Affranchir.

86. *Par le présent de l'indicatif :* Agir. Agrandir. Amincir. Amoindrir. Amollir. Amortir.

87. *Par l'imparfait de l'indicatif :* Anéantir. Aplanir. Appauvrir. Applaudir. Arrondir. Elargir.

88. *Par le présent du subjonctif :* Attendrir. Avilir. Bannir. Bâtir. Blanchir. Bondir.

89. *Par le présent de l'impératif:* Chérir. Choisir. Convertir. Définir. Dégarnir. Démolir.

90. *Par le passé défini:* Eblouir. Engloutir. Enrichir. Etablir. Unir. Trahir.

91. *Par l'imparfait du subjonctif:* Sévir. Salir. Saisir. Obéir. Rafraîchir. Réfléchir.

92. *Par le passé indéfini:* Punir. Compâtir. Dégrossir. Ensevelir.

93. *Par le passé antérieur:* Ensevelir. Etourdir. Fléchir. Flétrir.

94. *Par le plus-que-parfait de l'indicatif:* Frémir. Garantir. Gémir. Gravir.

95. *Par le futur passé:* Jouir. Noircir. Pétrir. Ralentir.

96. *Par le conditionnel passé:* Ravir. Régir. Remplir. Rétablir.

97. *Par le passé du subjonctif:* Réunir. Subir. Vieillir. Regarnir.

98. *Par le plus-que-parfait du subjonctif:* Vomir. Grandir. Brunir. Ternir.

A l'analyse précédente ajoutez l'analyse des verbes de la deuxième conjugaison, qui se trouvent dans les phrases suivantes:

99. C'est vous, Seigneur, qui frappez et qui guérissez, et personne ne réussit sans votre secours. — La Providence nous donne le pain qui nous nourrit, le vin qui nous réjouit et nous désaltère. — Toutes choses passeront; elles vieilliront comme un vêtement; mais Dieu restera toujours le même, et ses années seront sans fin. — Malheur à ceux qui accomplissant leurs œuvres dans les ténèbres, pensent échapper à toute justice. — Si vous désirez que Dieu vous bénisse, observez ses commandements. — Que la crainte de Dieu soit avec vous, et obéissez-lui tous les jours de votre vie.

100. Priez le souverain maître de toutes choses, pour que sa bonté vous aplanisse les difficultés de votre chemin. — Ceux qui auront vieilli dans le péché regretteront trop tard d'avoir désobéi aux saints commandements de Dieu. — Tel homme à qui rien ne réussit, eût prospéré, si la bénédiction de son père avait affermi sa maison. — Enseignez à vos enfants la justice et la charité, afin qu'ils gardent le souvenir de Dieu et le bénissent en tout temps dans la sincérité et la vertu. — Un père sage prouve qu'il chérit sincèrement son

fils, en le corrigeant avec fermeté. — Ne pensez pas que le bien ravi à autrui vous enrichira.

101. Vous compatiriez mal aux souffrances de votre prochain, si vous mêliez des reproches à vos consolations, car les reproches aigriront toujours l'homme malheureux. — Ne comptez pas demain sur les amis que vous trahîtes hier. — Selon que vous aurez agi, on agira envers vous, et vous subirez les rigueurs de la mesure dont vous aurez usé envers les autres. — Songez que rien peut-être ne guérirait les hommes que la langue médisante aurait flétris; car si beaucoup périrent frappés par le tranchant de l'épée, beaucoup plus encore succombèrent anéantis par les blessures de la langue.

102. Choisissez des amis dont vous n'ayez pas à rougir un jour; évitez ceux qui ne vous chérissent que pour leur avantage, et qui vous quitteraient aux jours où vous gémiriez. — Un nouvel ami est comme du vin nouveau; laissez qu'il vieillisse, avant de l'apprécier — Soyez fidèle à votre ami dans la pauvreté afin que vous jouissiez de sa joie dans sa prospérité. — Un bon ami est un trésor; c'est un guide qui vous avertit dans vos égarements; ses conseils nous affermissent dans la bonne voie; sa main nous relève dans nos chûtes, et il n'est point de maux que sa voix consolante n'adoucisse.

Verbes de la troisième conjugaison.

103. *Conjuguez par tous leurs temps les verbes suivants (ce sont les seuls qui se conjuguent régulièrement selon le modèle* recevoir): Devoir. Percevoir. Concevoir. Apercevoir. Redevoir.

A l'analyse précédente ajoutez l'analyse des verbes de la troisième conjugaison qui se trouvent dans les phrases suivantes:

104. Maîtres ou serviteurs, accomplissez votre devoir avec zèle, dans la vue du Seigneur, et non dans celle des hommes, songeant que tous recevront de Dieu la récompense de leurs bonnes actions. — Portez votre secours aux justes, et cependant ne refusez pas de compatir aux maux des méchants. — Celui qui chercherait la vengeance, subirait la vengeance de Dieu. — Vous apercevriez une paille dans l'œil de votre frère, et non la poutre qui serait dans le vôtre. — On honnit

le paresseux comme un homme sali de boue ; il ressemble au fumier, et ceux qui le touchent secouent leurs mains.

105. Vous concevriez mal vos devoirs ici-bas, si vous pensiez que vous devez les remplir seulement dans un but d'intérêt terrestre. — La prudence exige que vous fréquentiez l'homme sage en qui vous aurez remarqué la crainte de Dieu, et qui vous avertira quand vous chancellerez dans les ténèbres. — Réfléchissez toujours avant d'agir ; quand on agit sans réflexion, on risque d'échouer dans ses desseins ; on les affermit en les appuyant sur des conseils. — Si vous apercevez égarés dans les champs le bœuf ou l'âne de votre ennemi, ramenez-les lui.

106. La plante arrosée par la fraîcheur de la nuit pousse ses germes au lever du soleil, ses racines réussissent même dans les pierres et au milieu des cailloux ; mais arrachez-la, elle périt ;... telle est la prospérité de l'hypocrite. — N'empiétez pas sur le champ du pauvre, car vous auriez à rendre un compte sévère du produit que vous en percevriez ; et vous redevrez plus que vous n'aurez reçu. — Bannissons la tristesse ; elle use le corps, et n'est bonne à rien. — Que vos yeux ne se lèvent pas sur des richesses qui ne sont pas à votre portée.

107. Mon Dieu ! ne nous donnez ni l'indigence ni les richesses, de peur que riches ou indigents nous n'oubliions vos lois. — La mère n'oublie pas le fils qu'elle a conçu dans son sein ; l'oublierait-elle, Dieu pensera à lui. — Nous recevrons selon que nous aurons donné. — Dieu aperçoit le fond du cœur des prétendus sages, et il juge la vanité de leurs pensées. — Aucune des espérances que nous concevrions ne réussira contre la volonté suprême. — L'homme ignore le moment fixé pour sa fin ; soyez donc prêt, comme si le Seigneur devait vous appeler aujourd'hui même.

Verbes de la quatrième conjugaison.

108. *Conjuguez sur* rendre, *les verbes suivants* : Pendre. Fendre. Tendre. Fondre. Pondre. Attendre. Entendre. Suspendre. Vendre. Prétendre. Répondre. Perdre. Tordre. Descendre. Condescendre. Défendre. Dépendre. Etendre. Pourfendre. Prétendre. Répandre. Revendre. Confondre. Correspondre. Tondre. Mordre. Tordre.

A l'analyse précédente ajoutez l'analyse des verbes de la quatrième conjugaison, qui se trouvent dans les phrases suivantes :

109. C'est Dieu qui a tout créé. Il a étendu les cieux, il a aplani la terre. — De ton séjour éternel, ô Seigneur, tu répands tes bienfaits ; par toi les ruisseaux rafraichissent la terre ; par toi les fruits mûrissent ; tu remplis nos greniers de moissons, et nos cœurs d'une joie pure. — Interrogez les animaux, et ils vous répondront ; parlez à la terre, et vous entendrez partout un sublime langage qui révèle l'existence d'un créateur tout puissant. — Dieu ne rejette pas les simples, et il ne tend pas la main aux méchants.

110. Que les mers sont vastes, et comme elles étendent au loin leurs rivages ! Des animaux sans nombre nagent dans leur sein ; les vaisseaux en sillonnent la surface.... Tant de créatures, ô mon Dieu, attendent de toi, chaque jour, la nourriture qui alimente leur vie ! C'est de toi qu'elles la reçoivent ; tout est plein de tes bienfaits ; en toi résident la sagesse et la force ; tu confonds la raison des sages, et frappes de stupeur les juges de la terre ; Seigneur, tu es grand dans l'éternité, et ton règne est de tous les temps.

111. N'espérez pas échapper aux regards de Dieu ; pas une créature n'est pour lui perdue dans la foule. L'homme juste est semblable au sage qui a bâti sa maison sur la pierre ; en vain les torrents et les vents fondent sur cette maison ; elle est inébranlable. — Des riches tombèrent dans l'indigence ; mais ceux qui ont la crainte de Dieu ne perdront pas le bien qui leur est précieux. — Que le malheur arrive, que la mort fonde comme la douleur : accablés de chagrin et de douleur, alors vous invoquerez le nom de Dieu ; vous lui demanderez qu'il suspende sa justice ; mais il sera trop tard.

112. Si vous n'avez pas été justes envers ceux qui dépendaient de vous, que répondrez-vous lorsque Dieu vous interrogera pour vous juger ? — Que le pauvre n'attende pas de vous le prix de ses services ; mais donnez-lui aussitôt le prix auquel il devra prétendre pour son travail. — Dieu a ordonné que vous tendissiez toujours aux malheureux une main secourable ; s'ils ne vous rendent pas eux-mêmes le bien qu'ils auront reçu de vous, Dieu vous le rendra. — Ecoutez avec douceur, répondez avec sagesse, et que la patience vous rende maître de votre âme.

IV.

Conjugaisons irrégulières.

113. *Conjuguez par tous les temps du mode infinitif, les verbes suivants :* Bénir. Accourir. Endormir. Apparaître. Démentir. Maintenir. Choir. Revoir. Atteindre. Réduire.

114. *Par le futur simple :* Aller. Assaillir. Cueillir. Tressaillir. Prévoir. Emouvoir. Comprendre. Suivre. Teindre. Entretenir.

115. *Par le conditionnel présent :* Envoyer. Courir. Souffrir. Pourvoir. Coudre. Traire. Vivre. Joindre. Asseoir. Survenir.

116. *Par le présent de l'indicatif :* Bouillir. Sentir. Vêtir. Enclore. Satisfaire. Lire. Dépeindre. Résoudre. Rompre. Vaincre.

117. *Par l'imparfait de l'indicatif :* Faillir. Echoir. Boire. Reconnaître. Promettre. Paître. Peindre. Vaincre. Surseoir. Découdre.

118. *Par le présent du subjonctif :* Mentir. Offrir. Partir. Déchoir. Pleuvoir. Conclure. Croire. Moudre. Rire. Obtenir.

119. *Par l'impératif :* Dormir. Mourir. Servir. Choir. Falloir. Vouloir. Prédire. Taire. Savoir. Contraindre.

120. *Par le passé défini :* Haïr. Tenir. Mouvoir. Pouvoir. Combattre. Conclure. Eclore. Instruire. Naître. Suffire.

121. *Par l'imparfait du subjonctif :* Fuir. Ouvrir. Sortir. Venir. Pleuvoir. Absoudre. Conduire. Décrire. Frire. Repaître.

122. *Par le passé indéfini, ou les autres temps composés :* Braire. Bruire. Croître. Reluire. Distraire. Poursuivre. Survivre. Corrompre. Enjoindre. Recueillir.

A l'analyse précédente ajoutez l'analyse des verbes irréguliers et défectifs qui se trouvent dans les phrases suivantes :

123. Qui peut connaître les secrets de Dieu, et qui a-t-il admis dans ses conseils ? Tout vient de lui ; à lui appartient la gloire dans tous les siècles. — L'homme ne voit que les dehors ; mais Dieu suit la pensée jusqu'au fond des cœurs. — Craignez Dieu et suivez ses commandements. — Priez, si vous avez fait une faute, afin que Dieu vous la remette. — Lorsque vous priez, ne faites pas comme les hypocrites qui vont sur les places publiques pour que les hommes les voient, car ainsi ils reçoivent leur récompense sur la terre.

124. Pensez à ce que votre mère souffrit pour vous, lorsqu'elle vous portait dans son sein. — Le salaire que vous aurez soustrait à votre serviteur criera contre vous, et cette voix parviendra jusqu'aux oreilles de Dieu. — Vous secourrez les faibles sans discuter avec eux sur leurs pensées. — La patience vaut mieux que la force : celui qui sait vaincre ses mauvais penchants, vaut mieux que celui qui sait vaincre les armées. — Comme le bois entretient la flamme, ainsi la colère attise les discussions.

125. Si votre ami a été coupable envers vous, reprenez-le, mais pardonnez à son repentir. — L'homme qui commet un larcin est moins méprisable que l'homme endurci dans l'habitude de mentir. — Ce que les forces d'un seul homme ne suffiront pas à faire, celles de deux le feront : on rompt difficilement une triple corde. — Ne promettez pas à votre ami au-delà de ce que vous pouvez tenir. — N'abandonnez pas un vieil ami, les nouveaux ne le vaudront pas. — N'ouvrez pas votre maison à tout le monde. — L'homme prudent cache ce qu'il sait, l'insensé met au dehors toute son ignorance.

126. Heureux ceux qui souffrent pour la justice ; heureux ceux qu'on maudit et qu'on persécute à cause de Dieu ! qu'ils espèrent et tressaillent de joie, car c'est dans le ciel que sera leur récompense. — Celui que l'appât de l'or aura séduit, ne conservera pas sa pureté : ce n'est pas cependant qu'il faille négliger toute prévoyance de l'avenir ; car si vous n'amassez pas étant jeune, quels moyens d'existence soutiendront votre vieillesse ? — Pour vous, pauvres de la terre, puissiez-vous supporter vos maux avec résignation ; votre patience produira ses fruits.

CHAPITRE SEPTIÈME.

DIFFÉRENTES SORTES DE VERBES.

127. *Conjuguez au* PASSIF, *et par tous leurs temps, les verbes suivants :* Frapper. Estimer. Applaudir. Apercevoir. Tenir. Émouvoir. Attendre. Mordre.

128. *Conjuguez par tous leurs temps, les verbes* NEUTRES *suivants :* Aller. Arriver. Tomber. Naître. Décéder. Mourir. Venir. Convenir.

129. *Conjuguez par tous leurs temps, les verbes* PRONOMINAUX *suivants :* Se blesser. Se flatter. Se nourrir. Se servir. S'apercevoir. Se pourvoir. Se rendre. Se conduire.

A l'analyse précédente, ajoutez la distinction des verbes en auxiliaires, actifs, passifs, neutres, pronominaux et unipersonnels.
Exemple : Vous vous découvrirez devant les vieillards.

Vous vous découvrirez, 2me pers. pl. du futur simple, mode indic. du verbe prominal *se découvrir;* temps dérivé que l'on forme en ajoutant *ai* à la terminaison du présent de l'inf. — *les*, art. m. p. — *vieillards*, n. c. m. pl.

130. Dieu a sagement arrangé toutes choses dans leur ordre éternel ; et jamais elles ne s'arrêtent ni ne s'égarent ; jamais elles ne se gênent ni ne se heurtent. — Que sera donc l'homme aux yeux de Dieu, l'homme qui rampe comme un vermisseau ? — C'est toi qui règnes, ô mon Dieu, et tous les princes de la terre sont au-dessous de toi ; les richesses et la gloire viennent de toi ; tu es maître de toutes choses ; toute grandeur et toute puissance émanent de toi ; que ton nom soit béni par tous les hommes ; que ta gloire soit célébrée dans tous les siècles.

131. Dieu n'a rien fait ou rien créé pour le haïr ; il soutient ceux qui chancellent et relève ceux qui sont tombés ; rien n'échappe à ses yeux, et partout ses regards sont fixés sur les bons et sur les méchants ; ainsi ceux qui disent le mal ne peuvent se cacher à lui ; malheur donc aux insensés qui se retirent dans les profondeurs de leur âme pour se dérober à Dieu, et qui accomplissent leurs œuvres dans les ténèbres ; c'est comme si l'œuvre disait à l'ouvrier : « Tu ne me connais » pas. »

132. Souvenez-vous de votre créateur dans les temps de votre jeunesse, avant que vienne le temps des afflictions, et les années où il vous faudra recourir à lui. — Ne vous appuyez pas sur votre vaine prudence : pensez à Dieu dans tout ce que vous faites, et il dirigera vos pas. — Le sage ne se fie pas sur les grands de la terre, et sur les fils des hommes, car il n'y a pas de salut en eux ; ne les craignez pas non plus, car que pouvez-vous craindre d'un homme mortel qui bientôt ne sera plus, et qui séchera comme l'herbe ?

133. Celui qui obéit à Dieu trouvera le bonheur jusque dans sa vieillesse, et il sera récompensé au jour de sa mort. — Si, dès que le jour naît, vous vous levez pour prier Dieu, si vous marchez dans la justice et dans la pureté, lui-même il veillera sur vous. — Il importe que vous priiez les uns pour les autres, afin que vous soyez sauvés. — Celui qui méprise son père et sa mère sera plongé dans les ténèbres.

— Ne rendez pas le mal pour le mal, et ne vous vengez qu'en faisant du bien. — Il vaut mieux s'exposer à faire des ingrats que des malheureux.

134. Ne portez pas de jugements sur les autres, et vous ne serez pas jugé vous-même. — Il est toujours possible de se réconcilier avec un ami; eussiez-vous tiré l'épée contre lui, il peut revenir encore. — Dieu résiste aux superbes et se montre facile aux humbles; courbons-nous donc sous sa main puissante, afin qu'il nous élève quand le jour sera venu. — Souffrez les réprimandes et ne murmurez pas. — Mieux vaut être réprimandé par un sage, que trompé par les flatteries d'un insensé. — Dieu a dit : « Venez à moi, vous tous » qui souffrez, et qui êtes accablés de fardeaux, et je vous » soulagerai. »

CHAPITRE HUITIÈME.

I.

L'Adverbe.

A l'analyse précédente, ajoutez celle des adverbes qui se trouvent dans les phrases suivantes. Exemple : Le travail produit toujours l'abondance.

Le, art. m. s. — *travail*, n. com. m. s. — *produit*, 3me p. sing. du prés. de l'ind. du verbe actif *produire;* temps primitif pour le sing. seulement. — *toujours*, adv. — *l'* pour *la*, art. f. s. — *abondance*, n. com. f. s.

135. Dieu dirige tout comme un pasteur dirige son troupeau; sa colère ne dure pas toujours, et il ne prend pas plaisir à nos maux. — Toutes choses passeront, mais Dieu reste éternellement. — Votre amour pour Dieu ne sera pas seulement en paroles et sur vos lèvres, mais en œuvres et en vérité. — Quand la douleur vient, alors on se souvient de Dieu; mais il est trop tard. — Une parole qu'on adresse aux pauvres, vaut souvent mieux que ce que l'on donne. — Ecoutez avec douceur, et vous répondrez sagement. — Que le soleil ne se couche jamais sur votre colère.

136. Comment implorer la pitié de Dieu, si vous gardez votre colère contre un homme? — Le pain du mensonge paraît d'abord agréable au goût, mais il ne laisse ordinairement que du sable dans la bouche. — Les jours de celui qui se contente du travail de ses mains, s'écoulent paisiblement. — La paresse engourdit l'âme; elle est bientôt suivie de la faim.

— Ne vous mêlez pas parmi les grands ; il vaut mieux qu'on vous dise : *montez ici*, que de vous faire descendre ensuite.

137. Plus vous serez placé haut, plus vous devrez être humble ; ainsi vous trouverez grâce devant Dieu : car il n'y a que Dieu qui soit vraiment grand, et on s'honore en s'abaissant devant lui. — La censure qui parle hautement, vaut mieux que l'amitié qui garde le silence. — Il n'y a point de juste sur la terre, qui ne s'égare quelquefois. — Mon âme, pourquoi s'attrister et se troubler ?... Espère en Dieu. — Appliquez-vous à bien faire, et surtout à être riches en bonnes œuvres. — Celui qui sème peu, moissonnera peu, et celui qui sème adondamment, récoltera une abondante moisson.

138. A peine pouvons-nous juger sainement les choses ici-bas, et nous découvrons difficilement ce qui est devant nos yeux ; comment donc pourrons-nous découvrir ce qui se cache dans les cieux ? — Vous dites entre vous : « Demain nous irons à la ville, nous resterons là une année, » nous y trafiquerons et nous nous enrichirons. » Mais savez-vous ce qui arrivera demain ? Qu'est-ce que votre vie ? Ce n'est assurément qu'une vapeur légère qui paraît et se dissipe bientôt. — Un seul Dieu tu adoreras et aimeras parfaitement.

II.

La Préposition.

A l'analyse précédente, ajoutez celle des prépositions qui se trouvent dans les phrases suivantes :

139. Nous sommes devant Dieu comme des insectes dans la poudre ; il est bon pour tous, et sa miséricorde s'étend sur toutes nos œuvres ; il ne nous traite pas suivant nos fautes et ne mesure pas le prix à nos iniquités ; tout vient de lui, tout vit par lui ; en lui sont toutes choses, à lui appartient la gloire dans tous les siècles. — Hommes, que regardez-vous autour de vous ? En qui cherchez-vous votre force ? Souvenez-vous que Dieu veille sur ceux qui le craignent ; fiez-vous à lui, et ne murmurez pas contre lui, s'il vous châtie.

140. Dieu est auprès de ceux qui l'invoquent dans la sincérité de leur âme. — Les vœux du juste s'élèvent au-dessus des nuages. — Faites le bien, puis venez vers Dieu ; et quelque souillé que vous ayez été par le péché, vous serez

purifié devant lui. — Enfants, obéissez à vos parents dans tout ce qui est selon le Seigneur. — Si vous êtes élevé aux grandeurs et si vous vous asseyez parmi les riches, ne dédaignez pas votre père et votre mère. — Que le salaire de l'ouvrier ne reste pas chez vous jusqu'au lendemain.

141. Soyez bons les uns envers les autres. — Respectez le pauvre et l'orphelin, car ils ont en Dieu un protecteur puissant qui sera leur juge entre vous. — Celui qui agit sans réflexion, ne peut compter sur le succès de ses entreprises. — Ne promettez pas au-delà de ce que vous pouvez tenir. — Lorsque le riche s'endort du sommeil de la mort, il n'emporte rien avec lui ; lors du réveil, il ne trouvera plus rien. — Ceux qui suivent les sentiers de la justice et de la vertu sont sous l'abri de Dieu. — Heureux le riche qui durant sa vie n'a pas couru avec empressement après l'or, et qui n'a pas mis toutes ses espérances dans les richesses !

III.

La Conjonction.

A l'analyse précédente, ajoutez celle des conjonctions qui se trouvent dans les phrases suivantes :

142. Dieu songera aux justes, lorsque le temps sera venu ; il ne se hâte pas de juger, et il attend avec patience, car il est toujours maître de pouvoir quand il voudra. — Les espérances de l'impie sont comme la fumée qui se dissipe dans l'air, ou comme le souvenir d'un voyageur qui n'a passé qu'un jour. — Dieu ne veut pas la mort du méchant, mais il désire qu'il vive afin qu'il revienne au bien. — Si vous voulez suivre les préceptes de Dieu, ils seront votre salut. — Heureux ceux qui meurent dans le Seigneur, puisque leurs bonnes œuvres les suivront.

143. Ne vous attachez ni au monde, ni à tout ce qui est dans le monde ; le monde passe et avec lui ses vains discours ; cependant celui qui fait la volonté de Dieu, reste dans l'éternité. — Nous ignorons le moment fixé pour notre fin ; soyons donc toujours prêts, comme si notre heure devait sonner bientôt. — On demande et l'on n'obtient pas, parce qu'on désire le mal. — Ne voit-on pas des hommes qui s'enrichissent en donnant aux pauvres ce qu'ils possèdent, tandis que d'autres, qui ravissent le bien d'autrui, restent dans l'indigence.

IV.

L'Interjection.

A l'analyse précédente, ajoutez celle des interjections ; par conséquent, analysez TOUS *les mots qui se trouvent dans les phrases suivantes :*

144. Si vous souffrez, courage ! Espérez en celui qui vous frappe, car il vous guérira. — Quoi ! vous doutez que Dieu qui a formé votre oreille puisse vous entendre, qu'il puisse vous voir, lui qui vous a donné la vue ! — Revenez à Dieu, vous qui l'avez abandonné ; revenez à lui avant le jour où vous direz : Hélas ! que je suis malheureux ! — Dieu vous traite comme ses enfants ; hé bien ! quel père ne châtie ses enfants ? — J'ai entendu l'insensé nier Dieu ; miséricorde ! il sera emporté comme la paille par le vent, ou comme la poussière par le souffle de la tempête. — Ciel ! que la mort du méchant est terrible ! — Serait-il vrai que tout serait ici-bas l'œuvre du hasard ? Oh ! non ; l'on reconnaît dans tout un ordre établi par un architecte divin qui a tout mis à sa place, et qui a imposé à toutes choses leurs lois éternelles et immuables.

Récapitulation.

Analyse grammaticale de tous les mots contenus dans la pièce suivante :

145. Quand vous avez prié, ne sentez-vous pas votre cœur plus léger et votre âme plus contente?

La prière rend l'affliction moins douloureuse, et la joie plus pure : elle mêle à l'une je ne sais quoi de fortifiant et de doux, et à l'autre un parfum céleste.

Que faites-vous sur la terre, et n'avez-vous rien à demander à celui qui vous y a mis ?

Vous êtes un voyageur qui cherche la patrie. Ne marchez point la tête baissée : il faut lever les yeux pour reconnaître la route.

Votre patrie, c'est le ciel, et quand vous regardez le ciel, est-ce qu'en vous il ne se remue rien ? Est-ce que nul désir ne vous presse ? Or ce désir est-il muet ?

Il en est qui disent : « A quoi bon prier ? Dieu est trop au-dessus de nous pour écouter de si chétives créatures. »

Et qui donc a fait ces créatures chétives, qui leur a donné le sentiment, et la pensée, et la parole, si ce n'est Dieu ?

Et s'il a été si bon envers elles, était-ce pour les délaisser ensuite et les repousser loin de lui !

En vérité, je vous le dis, quiconque dit dans son cœur que Dieu méprise ses œuvres, blasphème Dieu.

Il en est d'autres qui disent : « A qui bon prier? Dieu ne sait-il pas mieux que nous ce dont nous avons besoin? »

Dieu sait mieux que vous ce dont vous avez besoin, et c'est pour cela qu'il veut que vous le lui demandiez ; car Dieu est lui-même votre premier besoin, et prier Dieu, c'est commencer à posséder Dieu.

Le père connaît les besoins de son fils ; faut-il à cause de cela que le fils n'ait jamais une parole de demande et d'actions de grâces pour son père?

Quand les animaux souffrent, quand ils craignent, ou quand ils ont faim, ils poussent des cris plaintifs, ces cris sont la prière qu'ils adressent à Dieu, et Dieu l'écoute. L'homme serait donc dans la création le seul être dont la la voix ne dût jamais monter à l'oreille du créateur?

Il passe quelquefois sur les campagnes un vent qui dessèche les plantes, et alors on voit leurs tiges flétries pencher vers la terre ; mais, humectées par la rosée, elles reprennent leur fraîcheur, et relèvent leur tête languissante.

Il y a toujours des vents brûlants, qui passent sur l'âme de l'homme, et la dessèchent : la prière est la rosée qui la rafraîchit.

CHAPITRE NEUVIÈME.

ANALYSE LOGIQUE.

Du Sujet.

Indiquez le sujet de tous les verbes * *qui se trouvent dans les phrases suivantes.* EXEMPLE : Vous consolerez l'homme qui pleure.

Consolerez, verbe ayant pour sujet *vous*. — *pleure*, verbe ayant pour sujet *qui*, pronom remplaçant l'homme.

146. Les insensés n'ont pas compris Dieu ; ils ont vu l'œuvre, et ils n'ont pas reconnu l'ouvrier. — Dieu dissipe

* Tout verbe à un mode personnel, c'est-à-dire quand il n'est pas à l'infinitif, a toujours et nécessairement un sujet ; l'impératif a ordinairement pour sujet le pronom qui est sous-entendu. On trouve le sujet en faisant la question *qui est-ce qui*, pour les personnes ; et *qu'est-ce que*, pour les choses.

les pensées des méchants; il prend l'homme astucieux dans ses propres piéges, et déjoue ses projets. — Un fils sage fait la joie de son père. — Que la patience vous rende maître de votre âme. — Les ravisseurs du bien d'autrui n'entreront pas dans le royaume des cieux. — Plaidez la cause du muet et de ceux qui sont sans appui. — Dieu ne dédaigne ni les prières de l'orphelin, ni les larmes de la veuve; leurs cris montent jusqu'au ciel: si vous leur faites quelque mal, ils s'écrieront, et Dieu entendra leur voix. — Celui qui craint Dieu aura de bons amis; car ses amis seront selon son cœur. — Trop souvent les richesses font accourir les amis, et la pauvreté chasse ceux mêmes que l'on avait: le véritable ami vous aime dans tous les temps; c'est dans l'adversité qu'on l'éprouve. — Ne méprisez pas un homme dans sa vieillesse; car ceux qui vieillissent ont été comme vous. — L'homme prudent cache ce qu'il sait, l'insensé met au dehors toute son ignorance.

147. O Dieu! tu es grand dans toutes les œuvres de ta puissance; les montagnes s'élèvent, les plaines s'abaissent dans le lieu que tu leur as marqué; tu fais couler les ruisseaux dans les vallées et pénétrer les eaux au travers des montagnes; à ta voix elles se répandent pour arroser la terre. — Que Dieu soit votre appui et vous ne craindrez pas ce que peuvent vous faire les hommes; il est le bouclier de ceux qui espèrent en lui. — Les richesses sont bonnes à celui dont la conscience est pure, et la pauvreté est très-mauvaise au méchant qui murmure. — Il est difficile que ceux qui possèdent des richesses entrent dans le royaume de Dieu. — Celui qui touche la poix en sera souillé; celui qui communique avec l'orgueilleux, revêtira l'orgueil. — Le juste qui se lie avec le pécheur, ressemble à l'agneau qui vit dans la société du loup. — Souvenez-vous de vos pasteurs qui vous ont prêché la parole de Dieu; et voyant quelle a été la fin de leur vie, imitez leur foi. — Abel, tout mort qu'il est, nous parle encore par l'exemple de sa foi. — Dieu est charité: celui donc qui vit dans la charité, demeure en Dieu, et Dieu demeure en lui.

148. Je désire que vous possédiez à la fois la sagesse qui fait goûter le bien, et la simplicité qui ignore le mal. — Eprouvez tout, j'y consens; mais attachez-vous uniquement à ce qui est bon. — Seigneur, dès le commencement les superbes vous ont déplu; mais la prière de ceux qui sont doux

et humbles vous a toujours été agréable; maître de toute créature, exaucez-moi, pauvre suppliant, qui n'ai d'autre espoir qu'en votre miséricorde. — Malheur à toi qui méprises tes frères : ne seras-tu pas méprisé à ton tour ? — Le paresseux n'a pas labouré, parce qu'il faisait froid ; l'été vient, il mendie, et personne ne lui donne. — J'ai dit dans l'ivresse de la prospérité : « Je ne serai jamais ébranlé. » Ma force brillait dans tout son éclat, Seigneur, et j'ignorais qu'elle venait de vous seul. Vous avez détourné de moi votre face, et soudain le trouble s'est emparé de moi. — Voyez comme les méchants sont tout-à-coup tombés dans le malheur : leur iniquité a préparé leur ruine. Ils ont passé comme un songe au moment du réveil, leur image même s'est effacée.

De l'Attribut.

Indiquez dans les phrases suivantes le sujet de tous les verbes, ainsi que les attributs qui y sont exprimés. Exemple : Si vous fréquentez les sages, vous serez sage.

Fréquentez, verbe ayant pour sujet *vous*. — *Serez*, verbe ayant pour sujet *vous*. — *Sage*, attribut qualifiant le sujet *vous*.

149. Le Seigneur est plein d'indulgence et de bonté; il est riche en patience et en miséricorde. — Dieu est fidèle dans toutes ses paroles, il est saint dans toutes ses œuvres. — Les voies de la prudence sont belles et ses sentiers sont paisibles. — La pauvreté est la compagne de la paresse; l'opulence est le fruit de l'activité. — Celui qui aime l'or, ne sera pas toujours pur. — La vieillesse est une couronne d'honneur lorsqu'elle se trouve dans les voies de la justice. — Là où vous voyez des vieillards, soyez sobres de paroles. — Combien serait honoré, s'il était riche, celui qu'on estime dans sa pauvreté ! — J'ai tout considéré ici-bas, et j'ai vu que tout n'est que vanité et tourment d'esprit. — La pratique de la justice est plus agréable à Dieu que les holocaustes. — L'aumône est une dette que Dieu acquittera. — Quel bien fera aux autres celui qui est avare pour soi-même et qui cache sa propre fortune ? — La fortune est nuisible à l'homme cupide et avare. — Tout ce qui blesse la vertu est odieux au Seigneur, et ne saurait plaire à ceux qui le craignent. — Soyez humble aux yeux de Dieu, et il vous élevera.

Du Complément.

Indiquez dans les phrases suivantes, 1° le sujet de chaque verbe; 2° l'attribut, s'il est exprimé; 3° les compléments directs ou indirects du verbe. Exemple : Les tourments qu'on se donne pour amasser des richesses détruisent la santé, et les inquiétudes qu'elles causent nous privent du sommeil.

Les tourments, sujet de *détruisent*. — *que*, pr. se rapportant à tourments, compl. dir. de *donne*. — *on*, sujet du verbe *donne*. — *se* mis pour à soi, compl. ind. de *donne*. — *donne*, verbe, ayant pour sujet *on*. — *pour amasser des richesses*, compl. ind. de *donne*. — *détruisent*, verbe, ayant pour sujet *les tourments*. — *la santé*, compl. dir. de *détruisent*. — *les inquiétudes*, sujet de *privent*. — *que*, pr. se rapportant à *inquiétudes*, compl. dir. de *causent*. — *elles*, sujet de *causent*. — *causent*, verbe, ayant pour sujet *elles*. — *nous*, compl. dir. de *privent*. — *privent*, verbe, ayant pour sujet *les inquiétudes*. — *du sommeil*, compl. ind. de *privent*.

150. Levez les yeux et reconnaissez le Créateur de toutes choses. — On acquiert la prudence avec les années. — Dieu fait justice à la veuve et à l'orphelin ; il protège l'étranger, et lui donne la nourriture et le vêtement. — Malheur à l'homme qui arme son orgueil contre le ciel, et profère contre Dieu des paroles impies. — Le Seigneur nous contemple du haut du ciel; ses regards planent sur tous les hommes. — On n'achète pas la sagesse à prix d'argent ; préférez-la aux sceptres et à la puissance.

151. Dieu ne repousse pas un cœur repentant et humilié. — Heureux est celui que sa conscience ne condamne pas; celui qui entend la parole du Seigneur et qui la pratique. — Vos ordonnances, Seigneur, sont admirables ; aussi mon âme en a fait son étude ; la révélation de vos paroles éclaire les esprits et donne l'intelligence aux plus simples de vos serviteurs. — Le Créateur a dit à Adam : « Je vous donne toutes les plantes qui croissent sur la terre, et tous les arbres qui portent en eux leur semence. »

152. Rien ne manque à ceux qui craignent Dieu ; des riches sont tombés dans l'indigence, mais ceux qui vivent dans la crainte de Dieu, ne perdent pas le bien qui leur est précieux. — Cultivez la sagesse, et, comme celui qui laboure et qui sème, attendez la moisson. — Dieu réserve le salut à ceux qui ont le cœur droit, et il affermit les pas de ceux qui marchent dans l'innocence ; il éclaire les sentiers du juste, et dirige l'homme vertueux dans ses voies. — Evitez la voie des méchants ; n'y passez pas ; détournez-vous-en.

153. La prudence veillera autour de vous et la raison sera votre sauve-garde; elles vous détourneront du mal, et vous garantiront des insinuations perfides des méchants. — Dieu tire des sillons le pain dont l'homme se nourrit, et de la vigne, le breuvage qui réjouit son cœur. — Les espérances des méchants ressemblent à des brins de paille que le vent emporte; elles ressemblent encore aux impressions que laissent dans la mémoire du voyageur les objets qu'il aperçoit en passant.

154. Ne vous abandonnez pas trop au sommeil, de peur que la pauvreté ne vienne vous surprendre. — Soyez diligent dans tout ce que vous faites, et vous surmonterez aisément tous les obstacles. — Celui-là s'épargne de grands chagrins qui est maître de sa langue. — Evitez la médisance; celui qui y prête l'oreille est en proie à des soupçons qui ne lui laissent plus de repos; il n'a plus d'amis en qui il ose se confier. — Ecoutez les vieillards; ils vous diront ce qu'eux-mêmes ils ont appris de leurs pères.

155. L'orgueilleux croit tout savoir; l'homme prudent se méfie de lui-même. — Ne reprenez un vieillard que comme s'il était votre père, et des jeunes gens que comme s'ils étaient vos frères. — Ce que vous aurez dit dans les ténèbres sera répété au grand jour, et ce que vous aurez dit à l'oreille sera publié sur les toits. — Dieu connaît le fond de vos cœurs, et souvent ce que les hommes estiment le plus est en horreur à ses yeux. — L'homme ivre ne sait pas retenir ses paroles, et son secret lui échappe.

156. Sachez vous modérer dans un repas; usez avec sobriété de tout ce qu'on sert sur la table. — Job disait: « Le Seigneur m'avait donné, le Seigneur m'a ôté, qu'il soit fait comme il lui a plu, et que son nom soit béni. — Celui qui pleure le soir, le matin, sera dans la joie. — Ceux qui ne pensent qu'à s'enrichir se laissent entrainer dans une foule de tentations. — Quelles richesses amassez-vous que vous soyez certains de conserver? thésaurisez plutôt pour le ciel, et faites-vous des richesses que la main des voleurs ne puisse atteindre.

157. La sagesse est une vive lumière qui brille aux yeux de ceux qui l'aiment, et ceux qui la cherchent la trouvent sans peine. — La prospérité est une épreuve que Dieu fait subir aux méchants; il ne les élève que pour les abaisser ensuite. — Des bruits que le méchant croit sans cesse en-

tendre à son oreille lui apportent l'effroi. — Le méchant s'embarrasse lui-même dans les piéges qu'il dresse, et se laisse prendre dans ses propres filets. — Si vous voulez vous choisir un ami, prenez-le après l'avoir éprouvé, et ne vous fiez pas si tôt à lui.

CHAPITRE DIXIÈME.

De l'Accord de l'Adjectif.

Tous les adjectifs qui se trouvent en lettres italiques dans les phrases suivantes, sont au masculin singulier; faites-les accorder en genre et en nombre avec les noms auxquels ils se rapportent.

158. O profondeur de la sagesse divine! combien tes jugements sont *impénétrable* pour nous! — Effacez de votre cœur les *mauvais* pensées. — Les méchants se nourriront de leurs œuvres *impie*, et ils se rassasieront de *leur propre* iniquités. — Les enfants doivent s'accoutumer à plier, pour ne pas devenir *inflexible*. — Que vos aumônes soient *secret*, et votre père qui voit les choses cachées vous en rendra le prix. — *Heureux* sont les mères que leurs enfants honorent. — La médisance flétrit les femmes *vertueux*, et rend leurs travaux *stérile*. — Au jour du jugement, nous rendrons compte de *tout* les paroles *indiscret* dont nous nous serons rendus *coupable*. — Les insensés eux-mêmes passent pour *raisonnable* quand ils savent retenir *leur* paroles. — Les conseils et les pensées du méchant sont toujours *pernicieux* à ceux qu'il approche. — Fermez l'oreille aux propos et aux plaisanteries *calomnieux*. — Les soucis et les peines sont *léger* pour celui qui croit aux récompenses de la justice *éternel*.

159. Mon Dieu! ne nous faites ni trop *riche*, ni trop *pauvre*, de peur que nous ne méconnaissions vos lois. — Combien de fois n'a-t-on pas vu les richesses se dissiper *vain* et *inutile* au milieu des chagrins. — Nous sommes nés *nu*, nous nous en irons *nu*, et nous n'emporterons rien avec nous du fruit de nos *pénible* travaux. — Les richesses sont de *vrai* biens entre les mains de celui dont la conscience est *pur*. — Une vie *modéré*, *sobre*, *simple*, *exempt* d'inquiétudes et de passions, *réglé* et *laborieux*, retient dans les membres d'un homme sage, la *vif* jeunesse qui sans ces précautions, est toujours *prêt* à s'envoler sur les ailes *léger* du temps. — Les fruits de la sagesse sont plus *utile* que l'or, plus *durable* que les richesses; ils sont *préférable* à *tout* les

vain biens que l'on peut désirer. — Le bonheur et les espérances de l'impie sont *passager;* la paix et le calme ne sont pas *certain* dans son cœur; sa gloire et ses joies sont *court,* et s'envolent *léger* comme la fumée que les vents *rapide* dissipent.

De l'Accord du Verbe.

Tous les verbes qui se trouvent en lettres italiques dans les phrases suivantes sont à la 1re personne du singulier de leur temps: faites-les accorder en nombre et en personne avec leurs sujets.

160. Les yeux de Dieu *repose* sur ceux qui l'*aime* et qui *obéis* à ses lois; sa bonté *soutiens* ceux qui *chancelle* et *relève* ceux qui *tombe.* — N'a-t-on pas vu des hommes qui s'*enrichissais* tout en donnant aux pauvres ce qu'*il possédais,* tandis que d'autres, qui *ravissais* le bien d'autrui, *restais* dans l'indigence. — Les envieux *détourne* les yeux de la prospérité d'autrui, et dans leur passion *il oublie* le soin de leur propre vie. — Combien de gens *recherche* la faveur de l'homme puissant et sont les amis de ceux qui *donne.* — Les remontrances que vous *fais* un ami *vaut* mieux que les flatteries d'un ennemi. — C'est dans le travail que se *trouve* le contentement et l'abondance. — Gardez-vous de ces conseilleurs dont on n'*aurais* pas demandé l'avis; voyez auparavant quel intérêt *il peut* avoir dans vos affaires, et si ce n'est pas à eux qu'*il pense.* — N'imitez pas la folie des insensés qui *approfondis* les choses vaines et *scrute* avec curiosité les ouvrages de Dieu. — Il est des hommes que la gloire avec ses vanités *éblouis;* il en est d'autres plus sages que ni la richesse, ni la puissance ne *séduis.*

161. C'est en vain que *discuterais* les sages avec les insensés; ceux-ci *méconnais* les paroles de la prudence et s'*égare* sans cesse. Les sages *crains* le mal et s'en *détourne;* les insensés *continue* leur route et s'*avance* avec assurance. — L'orgueil ou l'imprudence *fais* tomber les riches. — Jeunesse, richesse, gloire, tout *passe;* mais ceux qui *espère* en Dieu trouveront toujours de la force en eux-mêmes. — Celui qu'*entraîne* les plaisirs, *oublie* le lendemain et *finis* par tomber dans la misère. — Les bontés du Seigneur *répond* aux cris du juste; il est auprès de ceux qui *souffre,* et *sauve* ceux qui s'*humilie;* il a dit: Venez à moi, vous tous qui *pleure,* et je vous consolerai. — Les chagrins *épuise* notre âme et

fait courber notre tête. — Le sommeil, ainsi que la joie, *fuirais* les yeux des gens qui ne *penserais* qu'à s'enrichir, et leur santé s'*altérerais*. — Bien fou celui que *séduis* les plaisirs, et qui y *sacrifierais* sa pureté.

162. A quoi *sers* souvent les richesses que l'homme *amasse* si difficilement? — La pauvreté avec la probité *vaux* mieux que l'éclat qu'*accompagne* les vices. — Ni moi, ni vous ne *descendrai* au tombeau avec nos trésors et notre gloire. — Malheur à vous, riches coupables, qui *possède* de nombreuses maisons, et *agrandis* sans cesse vos terres jusqu'à ce que la terre vous manque! — Les trésors amassés par l'injustice sont comme le feu qui *détruis* la maison du méchant. — Malheur à qui *envierais* les dépouilles des autres! Si dans votre maison *abonde* les richesses, n'y attachez pas votre cœur. — O riche, qui *place* ta confiance dans des biens périssables, amasse plutôt un trésor de bonnes œuvres, afin de mériter la vie véritable. — La force et la beauté ne *vaux* pas la sagesse, qui, comme la lumière, nous *conduis* et jamais ne s'*éteins*. — La sagesse est un trésor que n'*apprécie* pas toujours les hommes trop occupés des biens de ce monde; aide-moi donc, ô mon Dieu, toi qui *donne* la sagesse, toi de qui *viens* la prudence et la science!

163. On *connais* la sagesse d'une personne par sa patience; elle *mets* sa gloire à passer par-dessus toutes les injustices qu'on lui *fais*. — N'ayez point de liaison avec les indiscrets qui ne *saurais* pas garder leur langue. — La rapine et la violence *conduis* les impies à leur perte, parce qu'ils n'*agis* pas selon la justice. — Le sacrifice qu'*offre* les méchants, *parais* abominable, parce qu'il *proviens* de leurs crimes. — Le sage et le juste *préfère* une bonne réputation à de grandes richesses. — La verge et la correction *rends* sage; mais l'enfant que ses parents *abandonne* à sa volonté *fais* leur confusion. — L'enfant qui garde les préceptes que lui *donne* son père et sa mère ne tombera point dans la perdition. — Mes enfants, c'est de vous que *dépends* votre joie et votre bonheur dans ce monde; soyez vertueux. — La jeunesse et l'inexpérience nous *conduis* à bien des fautes, et par conséquent à bien des peines; le bien ou le mal que nous faisons *décide* de notre avenir.

Du Participe présent et de l'Adjectif verbal.

Faites accorder en genre et en nombre avec le nom ceux des mots en ant *que vous reconnaîtrez pour des adjectifs verbaux.*

164. Des hommes ont méconnu le vrai Dieu, se *prosternant* devant des idoles d'or et d'argent. — Vous admirez l'éclat de l'univers : sachez que la main qui le créa est plus *éclatant* encore. — Doutez-vous qu'il existe une puissance *dirigeant* tout dans ce monde, quand vous voyez les astres *marchant* dans un ordre si admirable? — Les ténèbres ne sont pas obscures pour Dieu; pour lui la nuit est *brillant* comme le jour; elle a tout l'éclat de la lumière *resplendissant*. — C'est Dieu qui a donné des limites à la mer *menaçant* de franchir ses rivages. — Les enfants *craignant* Dieu respectent leurs parents et sont toujours *obéissant*. — Ne méprisez pas les malheureux *implorant* votre pitié. — Dieu soulagera les gens charitables quand ils seront *souffrant*. — La douceur, nous *gagnant* des amis et *calmant* nos ennemis, est toujours sur les lèvres de l'homme de bien. — Evitez les hommes colères *provoquant* les querelles; fréquentez les hommes *tolérant* qui les apaisent.

165. La loi chrétienne condamne ceux qui traitent les autres comme on les traite, *rendant* à chacun selon ses œuvres. — Les hommes *médisant* répandent le trouble, *flétrissant* les réputations, et *ébranlant* les justes dans leur félicité. — Cachez-vous de ceux que vous connaîtrez comme *enviant* le bonheur d'autrui. — Contemplez les astres *brillant* dans le ciel, voyez les rayons *resplendissant* du soleil, et dites si ce sont là des œuvres du hasard? — Méfiez-vous des hypocrites, *baissant* leur visage et s'*humiliant* au dehors, mais qui intérieurement sont pleins de méchanceté. — Quel peut être l'espoir des hypocrites? Dieu n'écoutera pas leur voix *gémissant*, quand des malheurs *accablant* les atteindront. — La pauvreté atteint bientôt les imprudents qui, *négligeant* les intérêts de l'avenir, ne songent qu'à jouir des plaisirs *séduisant* du présent. — J'ai vu des hommes *semant* dans les larmes, puis *moissonnant* dans l'allégresse. — Ne croyez pas aux visages *riant* des heureux de ce monde; car souvent les soucis *dévorant* leur rongent le cœur.

166. Ne fuyez pas les travaux *fatiguant* pour le corps, car il y a dans ces travaux une vertu *purifiant*. — La pauvreté atteint bientôt les hommes qui, *sommeillant*, *dormant* ou

se *croisant* les bras, ne songent point au lendemain. — Le succès couronne rarement les travaux des hommes *agissant* sans réflexion. — Ne soyons pas trop *confiant* devant un inconnu, ne *sachant* pas ce qu'il renferme dans son cœur. — Ceux qui *croyant* tout savoir, ne se méfient pas assez d'eux-mêmes, sont souvent trompés dans leurs espérances. — La grandeur de l'hypocrite est *chancelant;* sa gloire, souvent *éblouissant,* n'a qu'un moment. — Dans la prospérité, les sages jouissent du bonheur, *restant* en garde contre l'adversité, et *regardant* l'une et l'autre comme *venant* de Dieu. — Heureux ceux qui *pleurant* sous le poids de maux *affligeant* espèrent en Dieu, parce qu'ils trouveront en lui leur consolation. — Les insensés ne voient dans la loi de Dieu que des liens *génant*, qu'une chaine *attachant* leurs mains. — Le bonheur est réservé aux hommes purs, *pratiquant* le bien, et *confiant* dans la justice suprême. — Nous avons vu souvent ceux qui étaient dans l'abondance *travaillant* pour avoir du pain, et ceux qui mouraient de faim, *vivant* dans l'abondance.

Du Participe passé.

Appliquez les règles sur l'accord aux participes passés qui se trouvent dans les phrases suivantes :

167. Le Seigneur connait ceux qui trompent et ceux qui sont *trompé*. — Toutes choses ont été *créé* par Dieu; tout subsiste par lui. — Quand mon heure sera *venu,* a dit le Seigneur, je jugerai dans ma justice. — La parole du Seigneur est comme *purifié* par le feu; c'est cette parole qui vous a été *annoncé* par l'Evangile; ses lois sont *établi* pour tous les siècles, et *conçu* dans la vérité, dans la justice. — Dieu découvre ce qui était *caché* dans les plus profondes ténèbres; il produit au jour ce qui était *enseveli* dans l'ombre même de la mort. — Une tâche laborieuse nous a été *imposé* depuis le jour où nous naissons, jusqu'à celui où nous sommes *rendu* au sein de la terre d'où nous sommes *sorti*.

168. Depuis l'homme qui est *placé* sur un trône de gloire, jusqu'à ceux qui sont *humilié* dans la poussière; depuis celui qui est *revêtu* de pourpre jusqu'à ceux qui sont *habillé* de toile, les inquiétudes et les souffrances sont le partage de tous. — Dieu a voulu que son saint nom fût *glorifié* par les hommes, que ses merveilles fussent *chanté*, et que la magni-

ficence de ses œuvres fût *publié* par eux. — Notre vie est comme l'herbe que nous voyons *fleuri* le matin, et qui déjà le soir est *desséché* et *tombé*. — Celui d'entre vous qui aura été *humilié* ici-bas, jouira d'une gloire *élevé* dans le royaume des cieux. — La maison du sage, *fondé* sur la pierre, est inébranlable. — Quiconque honore son père et sa mère sera *exaucé* de Dieu au jour de sa prière.

169. Les hommes ont *contemplé* de leurs propres yeux la gloire du Créateur qui les a *honoré* jusqu'à leur faire entendre sa voix, et leur a *imposé* les devoirs envers le prochain. — Le Seigneur a mis l'eau et le feu devant nous, et nous en a *laissé* le choix; le bien et le mal sont *offert* à l'homme; ce qu'il aura *préféré* lui sera *donné* en partage. — Les espérances de l'impie ressemblent à la maison que l'insensé a *bâti* sur le sable. — Ecoutez les paroles de votre père qui vous a *donné* la vie, et ne méprisez pas votre mère lorsqu'elle aura *vieilli*. — Rappelez-vous les douleurs que votre mère a *enduré* lorsqu'elle vous portait dans son sein. — Dieu vous tiendra compte de la patience avec laquelle vous aurez *supporté* les peines que vous n'avez pas *mérité*.

170. Les justes ont *imploré* Dieu; il les a *exaucé*, il les a *délivré* de tous leurs maux; il est auprès de ceux qui ont le cœur *affligé*, et il sauvera ceux dont l'âme est *abreuvé* d'humiliations. — Les bonnes actions que vous aurez *fait* dans le secret ne resteront pas toujours *ignoré*, car il n'y a point d'action secrète qui ne doive être *connu* un jour. — Ne nous jetons pas dans une multitude d'affaires, de peur d'en être *accablé*. — Combien de méchants sont *descendu* au tombeau, qui, pendant leur vie, avaient *siégé* dans le lieu saint, et dont on avait *publié* les louanges au milieu de la ville, comme s'ils avient *pratiqué* la justice; mais tout cela n'était que vanité. — Ne gardez pas le souvenir des injures que vous avez *reçu*, car vous regretteriez la vengeance que vous en auriez *tiré*.

171. Quelles peines le riche n'a-t-il pas *pris* pour amasser des richesses dont il ne gardera rien quand l'heure de la justice suprême aura *sonné*; que seront-elles *devenu* alors ces richesses? il les aura *laissé* sur la terre où la rouille et les vers les auront bientôt *consumé*. — Nous ne nous souvenons plus de ce qui nous a *précédé*, et les épreuves que nous aurons *subi* seront également *oublié* des générations suivantes. — L'aumône sera un jour, pour ceux qui l'auront *pratiqué*, une

protection puissante auprès de Dieu. — O Mort, que ta sentence est douce pour les pauvres que leurs forces ont *abandonné*, pour les malheureux que les infirmités de la vieillesse ont *accablé !* — Ne prodiguons pas les jours que Dieu nous a *compté;* il en a *fixé* le terme, et nous ne le dépasserons pas.

172. La vie éternelle appartient à ceux que les jouissances terrestres n'auront pas *détourné* de leurs devoirs ; ainsi attendons avec confiance cette vie que Dieu a *promis* à tous ceux qui n'auront pas *violé* ses commandements. — Ne croyez pas légèrement tout ce qui se dit ; car que de propos indiscrets n'a-t-on pas *tenu* sans mauvaise intention. — Dieu nous a *créé* pour l'aimer, et il nous a *imposé* des devoirs qui tourneront à notre profit si nous les avons bien *rempli.* — C'est du Seigneur que viennent la sagesse, la prudence et la science ; remercions-le s'il nous les a *donné.* — Heureux ceux qui, fidèles aux lois de Dieu, les ont *médité* dans leur pensée, et n'ont point *oublié* que Dieu a toujours les yeux *fixé* sur eux. — Combien d'erreurs, de folies, les hommes n'ont-ils pas *préféré* à la sagesse ; *égaré* par leurs passions, ils traitaient les autres d'insensés.

173. La main de Dieu s'est *rendu* en quelque sorte visible en créant l'univers ; sa puissance et sa divinité se sont *révélé* dans ses ouvrages. — Malheur à ceux qui se sont *reposé* sur les hommes, qui se sont *fait* des appuis de chair, et dont le cœur s'est *éloigné* de Dieu ! — Le pardon sera refusé à ceux qui se seront *réservé* la vengeance. — Des riches, après avoir couru avec empressement après l'or, se le sont enfin *reproché*, quand ils eurent *subi* les épreuves de l'opulence. — L'avarice égare ceux dont elle s'est *rendu* maîtresse. — Les méchants ont vu la vie du juste *récompensé*, et leur âme s'en est *irrité ;* ils en ont *frémi* dans leur cœur, mais leur fureur s'est *éteint* avec eux. — Les sages, en observant les préceptes de Dieu, se sont *amassé* des trésors de joie et de bonheur.

174. Les méchants se sont *imaginé* que la vie était un jeu, qu'elle devait n'être *occupé* que du soin des richesses ; mais ces richesses qu'ils se sont *acquis* par des moyens mauvais ont fait leur perte, et ils se sont *fermé*, par leur aveuglement, toute voie à un bonheur durable ; ils se sont *fatigué* dans la route du mal, et quand la tombe s'est *ouvert* pour eux, nous nous sommes *demandé :* « Où donc sont-

ils ? » et nous nous sommes *convaincu* que tout est vanité ; les forces de leur jeunesse s'étaient *épuisé* dans le vice, et le pain de corruption dont ils s'étaient *nourri* s'était *changé* en poison dans leurs entrailles : ainsi finissent ceux dont les espérances ne se sont pas *reposé* en Dieu, et qui se sont *confié* dans leurs richesses et dans leur orgueil.

175. Le Seigneur est comme un homme qui, sorti de sa maison, l'a *laissé* aux soins de ses serviteurs après leur avoir *recommandé* de veiller sur les objets qu'il leur aurait *confié;* veillons donc, de peur qu'à son retour il ne nous trouve *endormi.* — Les méchants, que la crainte a *saisi,* en voyant la récompense *décerné* aux justes, se sont *dit :* « Les voilà donc ceux que nous avons *tourné* en dérision et *accablé* de nos injures ; voilà que Dieu les a *reçu* au milieu de ses enfants, et que place leur est *donné* parmi les saints. » — Attendons la vie que Dieu a *promis* de donner à ceux qui ne se sont pas *éloigné* de lui. — Pensons que nous aurons à rendre compte un jour des vices ou des vertus que nous aurons *pratiqué* ici-bas, ainsi que des richesses que nous nous serons injustement *procuré.* — Ceux qui se seront *interdit* des plaisirs coupables ne regretteront jamais les privations qu'ils en auront *éprouvé.*

176. Les vrais sages se sont *couvert* de gloire par l'esprit de charité dont ils se sont *montré animé* envers le prochain, et par les bonnes actions qu'ils ont *fait.* — Ceux qui se seront *inspiré* de la crainte de Dieu feront le bien ; et s'ils se sont *affermi* dans les voies de justice que la loi divine a *indiqué,* ils posséderont la vraie sagesse. — Heureux celui que sa conscience n'a jamais *condamné !* — Craignez la fin *réservé* aux méchants dont le cœur s'est *nourri* de mauvaises pensées, et que leurs illusions ont *aveuglé !* — C'est dans le néant que les méchants ont *reposé* leurs espérances ; leurs lèvres se sont *souillé* par des paroles de vanité ; tout ce qu'ils ont *conçu,* c'est l'affliction ; tout ce qu'ils ont *enfanté,* c'est l'iniquité ; ils se sont *abruti* dans le vice, et se sont *attiré* ainsi les châtiments dont le Seigneur a *menacé* les impies.

FIN DE LA PREMIÈRE PARTIE.

www.ingramcontent.com/pod-product-compliance
Ingram Content Group UK Ltd.
Pitfield, Milton Keynes, MK11 3LW, UK
UKHW021128230726
13926UKWH00002B/674